DEBUT D'UNE SERIE DE DOCUMENTS
EN COULEUR

A∴ N∴ E∴ S∴ L∴ A∴ D∴ G∴ O∴ D∴ F∴

R∴ L∴ L'HUMANITÉ

Or∴ de Nevers

La

Franc-Maçonnerie

Nivernaise

PREMIÈRE PARTIE

AVANT 1789

NEVERS
IMPRIMERIE DE LA TRIBUNE, 32, AVENUE DE LA GARE

1912

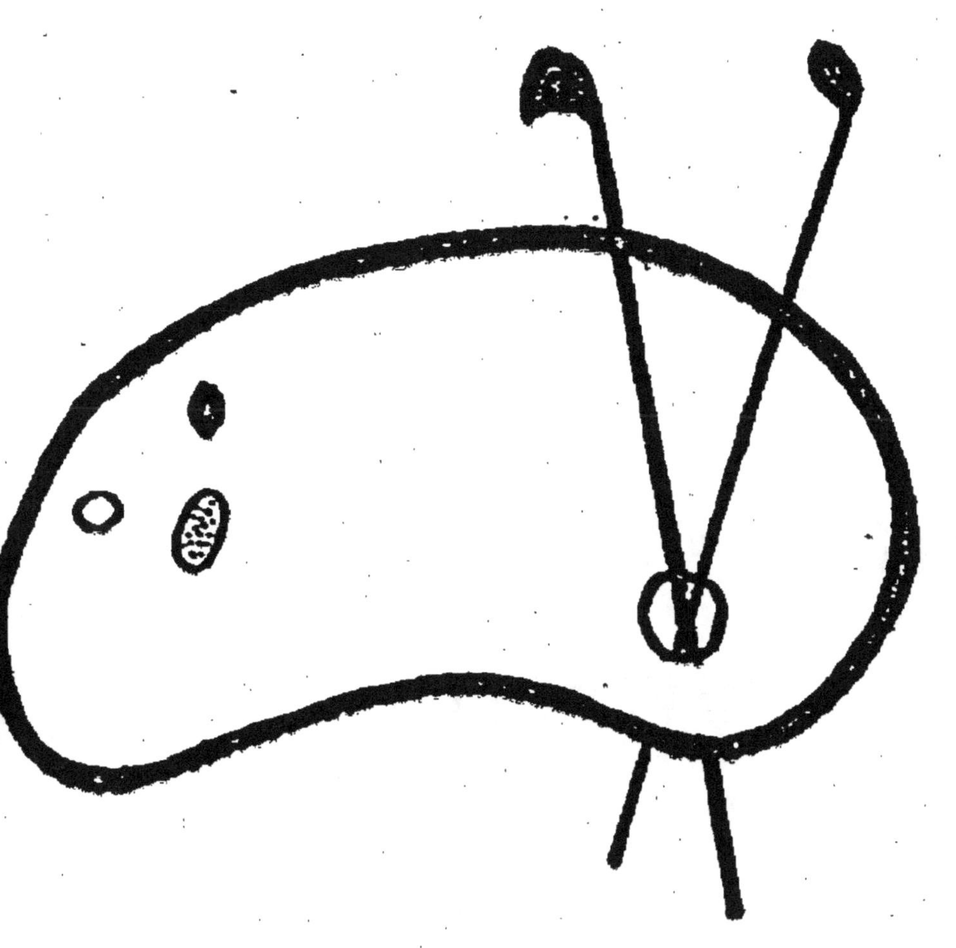

FIN D'UNE SERIE DE DOCUMENTS
EN COULEUR

A∴ N∴ E∴ S∴ L∴ A∴ D∴ G∴ O∴ D∴ F∴

R∴ L∴ L'HUMANITÉ

Or∴ de Nevers

La
Franc-Maçonnerie
Nivernaise

PREMIÈRE PARTIE

AVANT 1789

NEVERS
IMPRIMERIE DE LA TRIBUNE, 32, AVENUE DE LA GARE

1912

T∴ C∴ V∴,
TT∴ CC∴ FF∴,

A vous tous je suis heureux de dédier ce travail,
modeste témoignage de mon dévouement à notre
R∴ Atelier.

P∴ A∴

Nevers, 1912.

AVANT-PROPOS

Les origines de la Franc-Maçonnerie

Faire connaître la Franc-Maçonnerie,
c'est la faire aimer.

RAGON∴

La Franc-Maçonnerie « *institution essentiellement phi-
lanthropique, philosophique et progressive, a pour objet la
recherche de la vérité, l'étude de la morale et la pratique
de la solidarité ; elle travaille à l'amélioration matérielle
et morale, au perfectionnement intellectuel et social de
l'humanité.*

« *Elle a pour principes la tolérance mutuelle, le respect
des autres et de soi-même, la liberté absolue de conscience* ».
(Constitution du G∴ O∴ de France, art. 1).

« *Pour réaliser son idéal, La Franc-Maçonnerie, qui est
PROGRESSIVE et non RÉVOLUTIONNAIRE, a pour constante
préoccupation de diminuer sans cesse les tendances égoïstes
afin de rendre la vie sociale toujours plus juste, toujours
plus fraternelle, toujours plus douce* ». (F∴ Ch. Bernardin,
Notes pour servir à l'histoire de la Fr∴ M∴)

Elle a toujours attiré à elle les illustrations de tous les
ordres : les personnalités les plus marquantes dans la
politique, la magistrature, les sciences, les arts, la littérature, comme dans le commerce et l'industrie, ont
tenu à honneur de fréquenter ses temples et se mêler
avec les humbles artisans, les simples ouvriers, aux
travaux maçonniques : Francklin, Voltaire, Diderot,
J.-J. Rousseau, Volney, Laplace, Elie de Beaumont,
Turgot, Helvétius, Dalembert, Henrion de Pancey,
Condorcet, Montgolfier, Chénier, Champfort, Lalande,

Lacépède, et plus récemment Horace Vernet, David-d'Angers, Odilon-Barrot, Dupin, Crémieux, Las-Cases, Ledru-Rollin, Louis Blanc, Arago, Lamartine, Edgar-Quinet, Gambetta, Littré, Victor Hugo, etc., etc., ont porté les insignes maçonniques; des empereurs, des rois, des princes, des ducs, des généraux, des savants, des artistes ont dépouillé dans le temple les distinctions humaines et ont donné la main aux manœuvres de la Société (1), et l'on peut dire que la Maçonnerie « *constitue la phalange idéale, recrutée de volontaires disciplinés, d'indépendants soumis, ne formant ni caste ni clan fermé, dégagée des affaires, de toute manifestation financière* » pour la poursuite « *de l'œuvre de vérité, de justice et de liberté, à l'abri des passions, des emportements et des vils calculs de l'intérêt* ». (J∴ P∴ Chalons-sur-Marne).

Le rôle de la Franc-Maçonnerie en France a été considérable à partir du XVIIIe siècle. Il nous a paru utile de retracer les origines de cette Société — non secrète puisque souvent elle prend part aux cérémonies officielles — mais cependant assez mystérieuse pour que l'on ait fait courir sur elle les bruits les plus divers sur ses pratiques, ses tendances, ses moyens d'action, etc.

La légende a voulu faire remonter la Franc-Maçonnerie à la plus haute antiquité. Les moins critiquables des origines ainsi attribuées à la Franc-Maçonnerie la rattachent aux Sociétés initiatiques de l'Egypte et de la Grèce ou aux sociétés corporatives d'artisans à Rome; elle a évidemment avec les unes et les autres beaucoup d'analogie, mais ce sont là des origines purement hypothétiques.

Historiquement, le mot « franc-maçon » n'apparaît d'une façon certaine, indiscutable, en France du moins,

____

(1) A Nevers, on a pu voir à la L∴ La Concorde, au régiment des chasseurs du Cantal, un capitaine vénérable de l'Atelier, le colonel n'en étant que le 1er surveillant. (Hermès, 1818, 1819, page 370).

qu'au commencement du xi⁰ siècle. C'est à cette époque, en effet, que naissent peut-être, mais que sûrement se développent et prennent une grande importance les confréries ou associations de constructeurs, dénommés « maçons-libres » ou *francs-maçons* ». Ces corporations sont organisées hiérarchiquement; leurs membres sont divisés en apprentis, compagnons et maîtres; ils se recrutent par initiations, possèdent des secrets dans l'art de bâtir que les adhérents ne reçoivent que dans des conditions données; ces associations sont dites « loges de Saint-Jean (1) » et elles ajoutent à ce nom générique un titre distinctif rappelant généralement le pays d'origine; les loges primitives ou plus prépondérantes sont dites « *mères-loges* » ou « *grandes loges* » (exemple celle de Strasbourg qui paraît avoir eu la suprématie sur les autres); elles ont un chef qui s'appelle le « *maître de la loge* ».

Ces corporations ont couvert la France et une partie de l'Europe de chefs-d'œuvre incomparables, ces cathédrales de style dit ogival dont la hardiesse et la beauté font encore l'admiration des générations actuelles.

La grandeur et la beauté de leurs travaux leur valurent des franchises et des privilèges dont ne bénéficièrent jamais d'autres confréries. Leurs membres étaient exempts de toutes corvées, royale, seigneuriale ou communale, exempts d'impôts; ils ne relevaient que de Rome, leur salaire était fixé par eux-mêmes. De là, l'épithète de maçons « libres » ou « francs » c'est-à-dire quittes d'impôts et de corvées; de là le nom de « *francs-maçons* ».

Leur apparition, dis-je, accompagne celle du style ogival, qui produit dans l'art une véritable révolution,

<hr>

(1) La Loge fondée en 1776, à Nevers, portait le nom de « Loge de Saint-Jean » sous le titre distinctif de La Colombe. Il n'y a pas très longtemps que le vocable « Loge de Saint-Jean » n'est plus employé.

en substituant à l'architecture romane « lourde et terre à terre », l'architecture ogivale « *aérienne et immatérielle qui symbolise si admirablement les aspirations du peuple fou de joie et d'espérances* (1) » après les affres de l'an mil.

Cette révolution dans l'art coïncide elle-même avec le mouvement communal, cette autre révolution qui marque aussi le moyen-âge de si prodigieuse façon. (Voir Henri Martin dans son *Histoire du moyen-âge*).

Faut-il établir une corrélation entre ces deux mouvements et penser que les « francs-maçons » ont provoqué le mouvement communal? Il y aurait peut-être témérité à l'affirmer ; ce que nous savons, c'est ce que ces « francs-maçons » avaient un *idéal*, qu'ils nous ont fait connaître et qui permet de croire qu'ils furent heureux de l'établissement des communes.

On peut voir, en effet, au-dessus d'un portail, à la cathédrale de Chartres — un des chefs-d'œuvre des maçons — un groupe de statues représentant les Vertus, les Forces et les Puissances. L'une d'elles, plus grande et plus majestueuse que les autres, porte couronne en tête, parce que, sans aucun doute, aux yeux des francs-maçons elle représentait la plus grande, la plus belle des forces utiles à l'homme. Cette statue a le bras levé pour montrer son nom gravé dans la pierre et ce nom c'est LIBERTÉ !

A un autre point de vue, nous savons aussi par le merveilleux livre de pierre, comme disait Victor Hugo, qu'ils ont sculpté sur leurs portails, leurs chapiteaux, etc., combien les maçons du moyen-âge ne se gênaient guère pour flageller les vices et les passions des grands, qu'ils fussent rois, seigneurs ou prêtres, et pour tourner en ridicule les idées qu'ils combattaient : on peut voir dans des cathédrales des porcs disant la messe, des ânes la servant, etc., etc. (Voir LENIENT. — *La satire en France*).

---

(1) Ch. Bernardin, déjà cité.

Une autre analogie se déduit de l'emploi des nombres maçonniques : « *Le sacro-saint nombre 3, dit Michelet, le mystérieux nombre 7, étaient soigneusement reproduits en eux-mêmes ou dans leurs multiples pour chaque partie de ces Églises, et cette prédilection pour les nombres mystiques se retrouve partout. L'église de Reims a 7 entrées ; celles de Reims et de Chartres 7 chapelles autour du chœur ; le chœur de Notre-Dame de Paris a 7 arcades, la croisée est longue de 144 pieds (16 fois 9), large de 42 (6 fois 7). C'est aussi la largeur d'une des tours et le diamètre d'une des grandes roses ; les tours de la même église ont 216 pieds (18 fois 12) ; on y compte 297 colonnes (297 : 3 = 99 qui divisé par 3 = 33, qui divisé par 3 = 11), et 45 chapelles (5 × 9)* », etc., etc.

Ces corporations sont florissantes jusqu'au milieu du XVe siècle. A cette époque, une nouvelle révolution dans l'art, caractérisée par la substitution du style flamboyant au style ogival se produit ; les loges maçonniques perdent de leur influence et semblent disparaître en France et en Italie. Leur disparition en Allemagne fut beaucoup moins rapide ; de même en Angleterre où elles sont encore existantes à la fin du XVIIe siècle ; mais elles y avaient subi une transformation importante : depuis longtemps déjà, elles admettaient dans leur sein des personnes étrangères à l'art de bâtir ; ces membres « *acceptés* » pouvaient être pour les vrais maçons des protecteurs influents qui, politiquement et pécuniairement, pouvaient leur venir en aide.

« Aussi, à mesure que l'art gothique perd de son importance, le nombre des gens tout à fait étrangers au métier de maçon s'accroît, et si le souffle de la Renaissance change l'esprit artistique, il change aussi les idées générales, si bien que l'Association maçonnique, primitivement créée pour défendre les intérêts des véritables maçons, tend de plus en plus vers un autre but ». (Ch. Bernardin). C'est ce qui se produisit à la fin du xviie siècle, où les partis politiques, notamment les partisans des Stuarts, semblent avoir voulu utiliser pour leur cause les forces d'organisation des sociétés maçonniques.

Parmi les maçons « acceptés » étrangers à l'art de bâtir, se distingua un Français, Désaguliers, fils d'un pasteur protestant chassé de France par la Révocation de l'Édit de Nantes. Disciple de Newton, savant de grand mérite, Désaguliers s'était fait initier à la loge l'Antiquité, de Londres, en 1712; il espérait y trouver quelque secret dans l'art de bâtir; il y trouva surtout des habitudes d'ordre, de régularité, de discrétion, de tolérance, de fraternité, des signes et des mots de reconnaissance connus des seuls initiés, qui lui suggérèrent l'idée grandiose de fonder une association destinée à se répandre sur toute la terre pour y pratiquer le bien, dont tous les membres travailleraient à se perfectionner eux-mêmes, à détruire les préjugés, à faire disparaître les causes d'inimitié entre les hommes. Quelques maçons, comme lui « acceptés », se joignirent à lui et, ensemble, ils décidèrent une transformation complète et définitive des corps maçonniques : désormais ceux-ci ne réuniraient plus que des maçons *symboliques*.

Le 24 juin 1717, jour mémorable pour la Franc-Maçonnerie, fut fondée « la grande Loge d'Angleterre » par la fusion des quatre loges anciennes existantes et relevant de la L∴ d'Yorck. Cette grande Loge décida immédiatement que *« désormais les priviléges de la Franc-Maçonnerie ne seraient plus le partage exclusif des maçons constructeurs, mais que les hommes des différentes professions seraient appelés à en jouir pourvu qu'ils fussent régulièrement admis et initiés dans la confraternité »*.

La maçonnerie *spéculative* succédait à la maçonnerie *opérative;* elle devait prendre un essor rapide sur tous les points du globe, *« travaillant en silence et sans relâche à l'édification d'un temple grandiose qui, un jour, doit* réunir l'Humanité tout entière, affranchie des dogmes, débarrassée des frontières, n'ayant d'autres lois que celles dictées par la Fraternité et d'autre culte que celui de la Justice ». (Ch. Bernardin).

La première constitution maçonnique date du 17 janvier 1723; elle proclame les grands principes qui devaient faire la force de l'Ordre.

***

La première Loge en France paraît avoir été fondée à Dunkerque, par des Anglais, en 1721, sous le titre distinctif : « Amitié et Fraternité »; mais le fait, quoique probable, n'est cependant pas prouvé.

Ce qui est certain, c'est la création d'une Loge, à Paris, en 1725, d'une deuxième et d'une troisième en 1729; d'une quatrième en 1732. Les francs-maçons français portaient encore le nom de « Freys-Maçons ».

De 1725 à 1735, la Franc-Maçonnerie est introduite en Espagne, en Hollande, en Italie, en Irlande, en Amérique, en Russie et en Portugal.

En France, elle se développe rapidement, malgré d'ailleurs l'interdiction de la Police (1737) et l'excommunication lancée contre elle par le pape Clément XII (1738). La noblesse et le clergé fournissaient de nombreux adhérents, et des plus marquants, à la Franc-Maçonnerie [1].

La maçonnerie d'adoption — ou maçonnerie des femmes — était apparue en 1730. Les Hauts-Grades semblent aussi dater de cette époque. Ces deux institutions faillirent compromettre l'existence même de la Maçonnerie, notamment pendant la grande-maîtrise du comte de Clermont (élu le 11 décembre 1743).

---

[1] Nous en verrons de nombreux exemples dans le Nivernais.

Les maçons français, dans le but de s'affranchir de la grande Loge d'Angleterre avaient fondé, en 1743, *la grande Loge ANGLAISE de France* — ils avaient déjà, depuis 1738, un grand-maître français, le duc d'Antin.

En 1756, la *grande Loge Anglaise de France* trancha le dernier lien qui l'attachait à la *grande Loge d'Angleterre* en se proclamant indépendante sous le titre de *Grande Loge de France*, changé bientôt en celui de *Grande Loge nationale de France*, remplacé lui-même, en 1773, par celui de *Grand-Orient de France*.

C'est vers cette époque que la Franc-Maçonnerie s'implanta dans le Nivernais.

*

Avant d'aborder l'histoire de la Franc-Maçonnerie dans le Nivernais, il nous paraît indispensable d'en étudier les tendances depuis la transformation qui avait fait de la Société purement professionnelle une association mystérieuse et puissante dont le rôle dans la préparation de la Révolution française ne saurait être contesté.

Nos premiers pères conservèrent « avec un soin jaloux les termes mêmes que les maçons constructeurs employaient pour désigner leurs travaux, leurs outils et les objets qui servaient à l'exercice de leur profession » [1] et « ils en firent autant de symboles qui s'adaptèrent merveilleusement à la nouvelle association. C'est ainsi que l'édifice à construire devint la Société humaine faite de matériaux, c'est-à-dire d'hommes qu'il faut préparer et tailler (instruire et éduquer) en vue du futur état social [2] ».

Ce symbolisme, d'ailleurs, était indispensable, « car

(1, 2) Ch. Bernardin. Déjà cité.

l'Eglise et la Royauté veillaient et toute idée d'émancipation devait attirer la persécution. Il était donc nécessaire de cacher les idées, de les envelopper d'un voile allégorique, de les dissimuler aux puissants du jour ; il importait surtout de ne les communiquer que progressivement et par degrés aux nouveaux adeptes. Sans e sage préparation, ceux-ci auraient été incapables de si porter l'éclat de cette *Lumière maçonnique* brusquement placée devant leurs yeux habitués aux ténèbres du monde profane, et alors que les uns n'eussent pas compris, que d'autres se fussent effrayés, tous se seraient sentis découragés dans la désespérance de ne jamais pouvoir atteindre le but un instant entrevu. Alors, on peut le dire, à cette époque, il y avait réellement un secret maçonnique » (1).

Dès 1723, la Franc-Maç.˙. publiait sa première constitution : l'on y trouve déjà les grands principes qui devaient faire sa force et que résume sa devise : Liberté, Egalité, Fraternité.

La Franc-Maç.˙. proclame la liberté de conscience, n'obligeant ses adeptes qu'à une seule religion, « *celle sur laquelle tout le monde est d'accord : elle consiste à être bons, loyaux, gens d'honneur et de probité, quelle que soit la croyance et la dénomination par laquelle ils se distinguent* ».

« En face des terribles tribunaux de l'Inquisition, qui se chargeaient d'imposer le dogme par les supplices et les fers (2) », les francs-maçons de 1723 avaient l'audace de proclamer la liberté de penser et de déclarer qu'ils ne reconnaissaient qu'une religion ; celle qui consistait à être bons et loyaux. Ils déclaraient, d'ailleurs, être de « toutes les Races, de toutes les Nations et de toutes les Langues et ils recommandaient de cultiver l'amour fra-

---

(1, 2) Ch. Bernardin. Déjà cité.

ternel qui est le fondement et la maîtresse pierre, le ciment et la gloire de l'ancienne Confraternité ».

Ces idées nouvelles devaient triompher des persécutions royales et des foudres pontificales.....

En 1752, le Grand-Maître de l'Ordre, le duc d'Antin, dans un discours peu connu, développe l'Idéal de l'Institution.

« Les hommes ne sont pas distingués essentiellement par le hasard des langues qu'ils parlent, des habits qu'ils portent, des pays qu'ils occupent, ni des dignités dont ils sont revêtus. Le monde entier n'est qu'une grande République dont chaque nation n'est qu'une famille et chaque particulier un enfant. C'est pour faire revivre et répandre ces essentielles maximes, prises dans la nature de l'homme, que notre Société fut d'abord établie. Nous voulons réunir tous les hommes d'un esprit éclairé, de mœurs douces et d'une humeur agréable, non seulement par l'amour des Beaux-Arts, mais encore plus par les grands principes de Vertu, de Science et de Religion, où l'intérêt de confraternité devient celui du genre humain entier, où toutes les nations peuvent puiser des connaissances solides et où les sujets de tous les Royaumes peuvent apprendre à se chérir mutuellement, sans renoncer à leur patrie.

. . . .

. . . .

« L'Ordre exige de chacun de nous de contribuer, par sa protection, par sa libéralité ou par son travail, à un vaste ouvrage auquel nulle académie ne peut suffire, parce que toutes ces sociétés étant composées d'un très petit nombre d'hommes, leur travail ne peut embrasser un sujet aussi étendu.

« Tous les Grands-Maîtres, en Allemagne, en Angleterre, en Italie et ailleurs, exhortent tous les savants et tous les artisans de la Confraternité de s'unir pour fournir les matériaux d'un dictionnaire universel des arts libéraux et des sciences utiles, la théologie et la politique seules exceptées..... (1). »

Voilà, peut-on dire, l'acte de naissance de l'*Encyclopédie*.

Dans une circulaire officielle, datée de 1776, le Grand-Orient proclamait une fois de plus sa mission humanitaire.

« Le but que nous poursuivons consiste à établir entre tous nos prosélytes une communication active de sentiments de fraternité et de secours en tout genre; à faire revivre les vertus sociales, à en rappeler la pratique, enfin à rendre notre Association utile à chacun des individus qui la composent, utile à l'humanité même. »

Presque tous les francs-maçons appartenaient soit à la classe bourgeoise, comme magistrats, avocats, hommes de loi, médecins, commerçants et artistes, soit à la haute noblesse, soit aux gradés de l'armée, soit au clergé qui, malgré la bulle d'excommunication du pape Benoît XIV en 1751, renouvelant celle de Clément XII, fournit un grand nombre d'adhérents.

Aussi ne faut-il pas s'étonner de la transformation profonde qui devait s'accomplir dans la nation à la fin du XVIIIe siècle : les principes prêchés sans relâche pénétraient toutes les couches sociales et préparaient, sourdement peut-être, mais sûrement cette transformation.

Le Grand-Orient, d'ailleurs, y travaillait activement ; « le 4 janvier 1789, il adressait aux Loges une circulaire dans laquelle il insistait tout particulièrement sur les

____

(1) Cité par Ch. Bernardin.

obligations et les devoirs des citoyens envers leur Patrie, et le 19 du même mois, au cours d'une autre circulaire, il faisait l'apologie de sa Constitution qu'il donnait comme modèle au monde profane, parce que, basée sur le principe représentatif et sur le suffrage universel, elle était essentiellement démocratique (1) ».

(1) Ch. Bernardin. Déjà cité.

TABLEAU

DES FRERES, OFFICIERS ET MEMBRES

Qui composent la respectable Loge de SAINT JEAN
DE LA COLOMBE,

A L'ORIENT DE NEVERS.

Au 1.er Janvier 1784, & suivant l'Ere Maçonique le 1er jour du 11.e mois
de l'An de la V∴ L∴ 5783.

FRERES PRESENTS.

Noms des Freres.	Qualités civiles.	Dignités & Charges.	Grades Maçoniques.
MARTIN,	Inspecteur des Turcies & Levées,	Vénérable,	R∴†∴
FLAMEN D'ASSIGNY,	Auditeur à la Chambre des Comptes de Paris,	Premier Surveillant,	R∴†∴
LE MARQUIS DE SOUDEILLES,	Brigadier des Armées du Roi, Colonel au Régiment de Boufflers, Dragons,	Second Surveillant,	R∴†∴
MARANDAT D'OLIVEAU,	Avocat en Parlement, Maître des Comptes au Duché de Nivernois,	Orateur,	M∴

Noms des Freres.	Qualités civiles.	Dignités & Charges.	Grades Maçoniques.
MORET,	Entrepreneur des Travaux du Roi,	Secrétaire,	M∴
BOIZEAU DE VILLE,	Négociant,	Trésorier,	Ecoss∴
DESNOYERS,	Maître Particulier des Eaux & Forêts à la Maîtrise Royale de Nivernois,	Maître des Cérémonies,	M∴
NORMAND,	Ingénieur en Chef des Turcies & Levées,	Garde des Sceaux & Timbre,	R∴ + ∴
BÉGUIN,	Entrepreneur des Travaux du Roi,	Architecte Expert,	E∴ M∴ P∴
FERRAND DE LA FOREST,	Conseiller du Roi, Elu en l'Election de Nevers,	Hospitalier,	E∴
CHEVALLIER,	Négociant,	Député de la Loge au G∴ O∴ de France.	M∴
FLAMEN D'ASSIGNY,	Capitaine au Corps Royal du Génie,		R∴ + ∴
PRISYE,	Ecuyer, Maître des Comptes au Duché de Nivernois,		R∴ + ∴
PRISYE DURIS,	Capitaine au Régiment de la Ferre, Infanterie,		A∴ E∴
PRISYE DE SALE,	Capitaine au Régiment de Bourgogne, Cavalerie,		E∴ de P∴
LHERMITE D'AUBIGNY,	Capitaine au Corps Royal d'Artillerie,		R∴ + ∴
LE COMTE DE BERTHIER,	Ancien Mousquetaire noir,		A∴ E∴
SALLONYER DE TAMNAY,	Grand Bailli d'Epée au Présidial de St. Pierre-le-Moûtier,		M∴
PRISYE DE CHAZELLES,	Conseiller Maître à la Chambre des Comptes de Paris,		M∴ P∴
ANDRAS CHEVALIER DE COUGNY,	Ancien Mousquetaire noir,		M∴
GAYAUT DE MAUBRANCHES,	Capitaine de Dragons,		Ecoss∴
PREVOST DE LA CROIX,	Capitaine au Régiment Royal, Dragons,		M∴
DECHAMPS DU CREUSET,	Ancien Officier au Régiment de Normandie, Infanterie,		M∴
PRISYE DE NIPHOND,	Lieutenant au Régiment de la Ferre, Infanterie,		M∴
PUJOL DE LA GRAVE,	Maréchal de Camp,		R∴ + ∴
DEBONNAIRE,	Garde-Marteau des Eaux & Forêts à la Maîtrise Royale de Nivernois,		M∴
DEVAUX DUFRANC,	Inspecteur des Turcies & Levées,		M∴

Noms des Freres,	Qualités civiles.	Grades Maçoniques.
De Colons,	Avocat en Parlement, Subdélégué,	M.·.
Richard,	Conseiller du Roi, Élu en l'Élection de Nevers,	M.·.
Georgest,	Sous-Ingénieur des Ponts & Chaussées,	R.·. †.·.
Gascoing de la Charnaye,	Ancien Gendarme de la Garde du Roi,	M.·.
Gillet,	Garde-Marteau des Eaux & Forêts à la Maîtrise Ducale de Nivernois,	M.·.
Chevalier de Verthamon,	Capitaine au Régiment Royal-Piémont, Cavalerie,	E.·.
Cezerou,	Lieutenant au Régiment Royal-Piémont, Cavalerie,	M.·.

FRERES ABSENTS.

Rapine de Saxy,	Lieutenant au Corps Royal du Génie,	R.·. †.·.
Rapine de Pressy,	Ancien Officier au Régiment de Limosin, Infanterie,	R.·. †.·.
La Chaussade de Villemenant,	Enseigne des Cent-Suisses de la Garde du Roi,	M.·.
Bauche,	Minime,	R.·. †.·.
Truitié de Varreux,	Garde du Corps du Roi,	E.·. de P.·.
Du Coetlosquet,	Capitaine de Cavalerie,	M.·.
De Chastenet de Puységur,	Sous-Lieutenant au Régiment d'Artois, Cavalerie,	M.·.
Laporte,	Concierge de la Loge,	A.·.
Morin,	Aide-Concierge,	A.·.

Adreſſe directe de la Loge de St. Jean de la Colombe.

A Monsieur ABEL DE MOLOC, chez Mr. Deville, Négociant A Nevers.

Arrêté en Loge régulièrement aſſemblée le 27.ᵉ jour du 10.ᵉ mois de l'An de la V∴ L∴ 1783, que le préſent Tableau ſera remis à tous les Fieres de la Loge, & envoyé à toutes les Loges de Correſpondance.

Pour Copie, conforme à l'Original dépoſé aux Archives.

Vu par Nous

Scellé par Nous, Gardé des Sceaux & Timbre

Par Mandement de la R∴ L∴

Fac-similé de signatures maçonniques.

1776. Sur la demande de constitution (le 10e j. du dernier mois de l'an de lumière 1775.)

D'Assigny V^{ble} R∴ C∴
Normand 1er Surv. R∴ c∴
Ridge, 2e Surv. R∴ c∴

1780 — Sur le tableau des membres

Martin (Vén∴)
F∴ De Berthier

1784 — Sur l'avis d'envoi du tableau

D'aubigny
prisye suvi∴ p∴ 2∴ 2∴ S∴

Moret Secrétaire

La Franc-Maçonnerie dans le Nivernais

I

NEVERS

La Loge LA COLOMBE

1776-1789

En 1773, le Grand Orient comptait 193 ateliers : 190 loges, 2 grandes loges, 3 directoires écossais.

En 1777, il comptait 300 ateliers environ ; la Maçonnerie, partout, plantait son drapeau.

A Nevers, vers la fin de l'année 1775, des maçons, dont le nom mérite d'être vénéré par les maçons actuels, résolurent de fonder une loge sous le titre distinctif de Saint-Jean de la Colombe. Ils étaient tous animés, comme en témoigne un rapport au Grand Orient, du plus pur esprit maçonnique.

Leur nom figure sur un tableau annexé à la demande de constitution. Nous le reproduisons en entier :

TABLEAU DES FRÈRES

de la Respectable Loge de Saint-Jean de la Colombe
à l'orient de Nevers

1 f∴ FLAMEN D'ASSIGNY, capitaine au corps royal du génie, rose-croix, reçu à la Loge de Mézières, vénérable ;

2 f∴ NORMAND, ingénieur en chef des turcies et levées, membre des Loges régulières du Secret inviolable à Dôle, et de la Sincérité de Besançon, affiliée à celle de la réconciliation de Luxeuil et autres, 1er surveillant, rose-croix ;

3 f∴ DE PRIZYE, maître des comptes, reçu à Paris en Loge constituée, rose-croix, 2e surveillant ;

4 f∴ MARTIN, inspecteur des levées et turcies, membre de la Loge régulière de Saint-Jean-des-Arts, établie à Beaufort en Anjou, rose-croix, maître des cérémonies;

5 f∴ DE SAXY, l'aîné, officier au corps royal du génie, reçu à Mézières, rose-croix;

6 f∴ DE SAXY, le jeune, officier d'infanterie, reçu à Mézières, rose-croix;

7 f∴ FLAMEN, maître des comptes, écossais, orateur et secrétaire;

8 f∴ PRIZYE-DURY, lieutenant au régiment de La Fère, membre de la Loge régulière de Givet, écossais, terrible;

9 ∴ L'HERMITTE D'AUBIGNY, lieutenant au corps royal d'artillerie, maître-parfait;

10 f∴ Comte DE BERTHIER, ancien mousquetaire, maître-parfait, trésorier;

11 f∴ DE PRIZYE DE CHAZELLES, auditeur des comptes, reçu à Paris, maître;

12 f∴ DE PRIZYE, capitaine au régiment de Bourgogne, cavalerie, maître;

13 f∴ D'AVRILLY, ancien mousquetaire, maître;

14 f∴ MOREAU DE BOUYS, officier au corps royal du génie, maître;

15 f∴ DE GIVRY, chevalier de Saint-Louis, capitaine de cavalerie, compagnon;

16 f∴ LES VERNÉ, officier de la maîtrise des Eaux et Forests, compagnon;

17 f∴ DE LA CHAUSSADE DE VILLEMENANT, officier de cavalerie, compagnon;

18 f∴ DOLLAIRE, géomètre, compagnon;

19 f∴ ANTOINE BEGUIN, entrepreneur des turcies et levées de Loire, compagnon;

20 f∴ FRANÇOIS COLAS, habitant de Nevers, frère servant;

21 f∴ HOUET, valet de chambre du f∴ comte de Berthier, apprenti.

Conforme au tableau extrait des registres de la L∴ Saint-Jean de la Colombe.

Par décision des f∴, NORMAND.

SUR LA 3ᵉ PAGE DU TABLEAU

Loge d'adoption

Sœur ROSE, comtesse de Berthier, sœur 1ʳᵉ;

Sœur ADÉLAÏDE DE PRUNEVAUX, inspectrice dépositaire ;
Sœur LOUISE, comtesse du Bourg.

Ces frères, formés en Loge provisoire, adressèrent au G∴ O∴ la demande de constitution ci-après, qui n'est pas datée mais qui, étant jointe à une lettre portant la date « du 10e jour du dernier mois de l'an de lumière cinq mil sept cent soixante-quinze » (1), est certainement de la même époque.

C'est donc le 10 février 1776 que furent définitivement jetées, à Nevers, les bases de la première Loge maçonnique.

Nous donnons, ci-dessous, copie des pièces qui témoignent de cet événement et qui établissent, d'une manière irréfutable, la qualité des maçons à qui nous sommes redevables de l'organisation de la Franc-Maçonnerie dans le Nivernais.

DEMANDE DE CONSTITUTION

« Aux très sublimes et très respectables grand-maître, vénérable, dignitaires et membres du Grand Orient de France.

« Les vrais maçons, surtout s'ils sont décorés des hauts grades de la maçonnerie en observent les lois, méditent sur ses principes, développent l'esprit de ses cérémonies et en recherchent le véritable but, ils savent d'ailleurs que tout établissement a des loix fixes et invariables, que l'inobservation de ces loix entraîne une foule d'abus et que l'édifice le plus somptueux, s'il manque de régularité, dégénère bientôt en une tour de confusion, il faut donc un centre où tous les rayons se réunissent et duquel partent toutes les émanations bienfaisantes, qui sont le principe de la science, de la sagesse et de la sociabilité. Ce centre pour les maçons français est le grand orient de france. C'est de ce point que la lumière se distribue, c'est lui qui propage de tous côtés les vérités sublimes de l'art royal. C'est en approfondissant ces vérités que le maçon apprendra à révérer le grand architecte, à le connaître et à le suivre dans toutes ses opéra-

____

(1) L'année maç∴ commençait le 1er mars. L'ère maçonnique datait de 4.000 ans avant J.-C.

tions, à respecter les souverains, les loix et les magistrats, à chérir ses frères, à aimer tous les hommes et à les rétablir dans leur primitive splendeur.

« Pénétrés de ces principes les maçons établis à Nevers ont formé une loge sous le titre mistérieux de Saint-Jean de la Colombe.

« Le lien de fraternité à donné de nouveaux charmes à l'amitié qui les unissait déjà ; mais leur zèle ne peut être contenu dans des bornes aussi étroites ; ils voudraient ettre éclairés par une plus vive lumière, connaître d'excellents frères, en ettre connus et concourir avec eux au bien de l'humanité.

« A ces causes très sublimes grand-maître, et dignitaires du grand Orient de France, il vous plaise reconnaître pour zélés maçons les frères de la Loge Saint-Jean de la Colombe établie à l'orient de Nevers, légitimer leurs travaux et les associer aux vôtres en leur accordant les pouvoirs et constitutions nécessaires pour tous les grades de l'art royal ; ne point douter enfin de leur exactitude à remplir leurs devoirs tant dans l'ordre civil que dans l'ordre maçonnique, de leur obéissance aux réglements que vous leur prescrirez, et de la sincérité des vœux qu'ils addressent à l'Eternel pour qu'il dirige vos travaux à l'avantage des frères et de la Société.

Signé : D'ASSIGNY, vén.·.; NORMAND, 1er surv¹; PRISVE, 2e surv¹; DAUBIGNY, DE BOUY, BERTHIER, MARTIN, PRIZVE-DURY (1).

Scellé du sceau adopté provisoirement par la Loge par nous 1er surveillant et garde de sceaux.

NORMAND.

NOTIFICATION AU GRAND ORIENT

DES DÉPUTÉS CHOISIS

« Le dixième jour du dernier mois de l'an de lumière cinq mil sept cent soixante quinze, les frères de la Respectable Loge de Saint-Jean de la Colombe établie à l'orient de Nevers, régulièrement assemblée par les nombres mistérieux et sous l'espoir de la protection des sublimes grand-maître, vénérable, dignitaires et membres du grand orient de France ont délibéré unanimement ce qui suit.

« Le bon ordre et l'observation des loix étant seuls capables

---

(1) Voir fac-similé de quelques signatures.

de faire subsister toute espèce d'établissement, les maçons plus particulièrement engagés que les profanes au maintien des réglements sociaux doivent ettre les premiers à s'y conformer. A cet effet, les frères ont résolu de donner à leurs travaux toute la régularité dont ils sont susceptibles. Ils désirent de faire réjaillir sur eux quelques rayons de la lumière du Grand orient de france, d'en admettre la suprématie et d'en obtenir des pouvoirs et constitutions qui puissent les faire reconnaître pour bons et zélés frères par tous les maçons légitimes existants sur la surface du globe, en conséquence ils ont chargé *le f∴ de Saxy le jeune officier au régiment de Limousin Rose-Croix* (1) et les frères d'Avrilly ancien mousquetaire reçu maître et de Villemant ancien capitaine de cavalerie reçu compagnon tous deux membres de ladite Loge de Saint-Jean de la Colombe de tous les pouvoirs nécessaires pour agir soit concurrément soit séparément relativement à leurs vûes; leur donnant procuration spéciale pour présenter à leur nom au grand orient de france la requête dressée par ladite Loge à l'effet d'obtenir des constitutions pour tous les grades et les réglements généraux de l'art royal, se soumettre à ce sujet à tout ce qui sera exigé et faire pour eux toutes les promesses usitées en un pareil cas, faire en outre toutes les dépenses et démarches pour ce nécessaires, même pour obtenir du grand chantier d'adoption des constitutions pour les sœurs par eux adoptées, les frères de Saint-Jean de la Colombe promettent d'avoir leur zèle pour agréable et approuvent d'avance tout ce que lesdits frères pouront faire en vertu des présentes. L'Eternel leur soit en aide, fait et décidé à l'orient de Nevers les jour, mois et an susdits et signé par les frères qui ont fait apposer le cachet maçonique du frère Normand qu'ils ont adopté en atendant qu'en conséquence des pouvoirs qu'ils sollicitent ils ayent fait graver un sceau particulier,

Ont signé : D'ASSIGNY, vén.; NORMAND, 1er survl; PRISYE, 2e surveil¹; FLAMEN, E∴, DE BOUY, m∴; DAUBIGNY. BERTHIER, MARTIN, PRIZYE-DURY.

Scellé, etc.

Le même jour la L∴ écrit aux trois ff∴ qu'elle a dési-

---

(1) Sur l'original les mots soulignés sont en marge et l'inscription porte les parafes des officiers.

gnés comme députés de soutenir auprès du G∴ O∴ la demande de constitution et d'obtenir de lui qu'il veuille bien désigner au lieu de députés d'une loge voisine — la plus près étant à quarante lieues, — les ff∴ d'Assigny, Normand, Prizy, Saxy, Dury, anciens maçons et membres de loges régulières pour l'installation de la Loge.

La demande adressée au G∴ O∴, a été enregistrée sous le n° 848, à la date du 26 février 1776 et renvoyée à la « chambre des Provinces »; elle a été accordée le 7 mars 1776 après le rapport ci-après :

« Rapport de la demande en constitution de la R. L. de Saint-Jean de la Colombe, à l'or∴ de Nevers, n° 848.

« Le dossier contient trois pièces. La 1ʳᵉ est une délibération de la L∴ à l'effet de faire les demandes nécessaires pour obtenir du G∴ O∴, des constitutions, la même délibération donne pouvoir aux ff∴ de Saxy, d'Avrilly, et de Villemant (sic) de solliciter lesdites constitutions.

« La 2ᵉ est la requête au G∴ O∴ aux mêmes fins. Ces deux pièces prouvent que les membres de cette loge sont très instruits des vrais principes de l'ordre.

« La 3ᵉ est le tableau qui ne laisse rien à désirer. J'ai la faveur de connaître les noms de la majeure partie des membres tous issus des meilleures et plus anciennes maisons de la Ville et de la Province, nobles et possédants des plus honorables dans le militaire et la magistrature.

« Le deffaut de loges dans les environs ne me permet pas de prendre les informations d'usage, la plus prochaine étant distante de trente lieues. L'état-civil et la naissance des membres doit rassurer le G∴ O∴ sur leurs mœurs. Quant à la régularité de leurs travaux, les ff∴ ont presque tous été reçus Maçons dans les Loges de Mézières, Dôle, Besançon, Luxeul, Beaufort, Givet et Paris et me paraissent très instruits.

« Pourquoy j'estime que la chambre peut leur accorder des constitutions sous le titre de Saint-Jean de la Colombe, à la date du 10 février 1776. Et vu l'impossibilité de commettre pour l'installation aucune Loge régulière, adresse au Vᵉ et survᵗ anciens maçons et membres de Loges régulières.

Signé : GAUBERT DE LA BOURDINIÈRE (??)
(ce dernier nom à peu près illisible.

Le Grand-Orient informait les frères de la Colombe, par lettre du 10 mars, qu'ils ne pouvaient nommer qu'un seul délégué et non trois; en même temps, il leur donnait avis que leurs constitutions leur étaient accordées.

Nous profitons de l'occasion pour vous donner avis que vos constitutions ont été accordées le 7 de ce mois; comme nous ignorions la demande des tt cc ff que vous avez nommés pour députés, nous vous prions de les faire verser au v f trésorier les 120 livres pour le prix de la constitution.

Pour se conformer aux ordres du G∴ O∴, la Loge choisit le frère de Saxy comme député et en rend compte au G∴ O∴ par la lettre ci-après :

PLANCHE DE LA L∴ LA COLOMBE *pour annoncer le député qu'elle a choisi.*

De l'or∴ de Nevers le 20ᵉ jour du 1ᵉʳ mois de l'an 5776

A la gloire du G∴ A∴ de l'univers (remarquer la place des points) au nom et sous les auspices du S∴ G∴ Maître de l'art royal en france,

La R∴ L∴ Sᵗ Jean de la Colombe établie à l'Or∴ de Nevers, régulièrement assemblée, aux tr∴ R∴ et sublimes FF composants *(sic)* le G∴ O∴ de France

Salut, force et concorde.

Nos très chers frères,

Nous avons reçu la planche tracée le 11 de ce mois par mandement de votre O∴ nous sommes très sensibles aux témoignages de votre amitié fraternelle. Nous ferons nos efforts pour nous en rendre dignes en travaillant avec zèle, ferveur et constance et en cherchant à approfondir les buts différents que présente l'art royal tant dans la Physique que la Morale et les Connaissances intellectuelles. Nous espérons que vous voudrez bien seconder notre émulation et nous éclairer de vos lumières. Nous avons en conséquence de votre invitation nommé unanimement le f∴ de Saxi pour notre député et notre représentant auprès de vous. Cette distinction due aux Grades sublimes qu'il possède n'ôte point notre confiance aux frères d'Avrilly et de Villemenant dont nous connaissons le zèle et les bonnes qualités. Nous vous faisons donc nos remerciements pour les faveurs dont vous les comblez; comme ils nous ont quittés peu après leur initiation, nous réclamons toute votre indulgence.

Nous avons chargé le f∴ de Villemenant de retirer nos Constitutions et de remettre au f∴ Tassin 120¹ pour les faux frais que leur expédition a occasionnés.

Le f∴ de Saxi est porteur d'une Planche par nous tracée qui lui servira de Commission et de lettre de créance pendant le cours de la présente année 5776, où jusqu'à ce que notre L∴ ait autrement décidé. Nous vous supplions de vouloir bien permettre que dans la suite nous puissions continuer à ce f∴ nos pouvoirs où en charger tel autre membre de notre L∴ que nous jugerons digne de participer à son tour à vos connaissances sublimes.

Nous sommes avec les sentiments de la plus tendre fraternité par les N∴ M∴ Q∴ V∴ S∴ C∴

Vos très soumis et affectionnés ff∴ les officiers de la L∴ S¹ Jean de la Colombe

Ont signé : d'ASSIGNY, V^{ble},   R∴ C∴
        PRIZYE,   2e   R∴ C∴
        FLAMEN D'ASSIGNY, E∴   orateur

Scellé, etc

      par mandement de la R∴ L∴
       FLAMEN D'ASSIGNY

La Loge reçoit enfin les documents attendus; constitutions, pouvoirs pour les ff∴ installateurs.

Elle va donc commencer ses travaux réguliers. Nous reproduisons *in extenso* les « esquisses » de l'installation qui eut lieu le 14 avril 1776.

PREMIÈRE ESQUISSE

Le 13e jour du second mois de l'an de la V. L. 5776, le V. f. de Berthier, trésorier de la Loge Saint-Jean de la Colombe établie à l'orient de Nevers a reçu une boîte par la poste pesant 36 onces. Il a rompu la première enveloppe qui était à son adresse et a connu que cette boîte devait contenir les constitutions et planches tracées par le G. O. que la L. attendait, en conséquence il l'a remise au V. f. d'Assigny qui s'étant réuni avec les ff. Normand et Prizye surveillants et le f. Flamen D'Assigny orateur a reconnu que cette boîte renfermait les devis que la L. espérait recevoir ainsi que les constitutions qu'elle attendait, ils ont tous décidé qu'il serait convoqué une L. extraordinaire laquelle fut indiquée pour le lendemain.

SECONDE ESQUISSE

Le 14e jour du second mois, la V. L. de Saint-Jean de la Colombe à l'orient de Nevers régulièrement assemblée au lieu accoutumé, le V. f. D'Assigny président après avoir ouvert les travaux ordinaires a exposé le sujet de la convocation et annoncé aux ff. qu'ils pouvaient se réjouir, que leurs vœux étaient exaucés, qu'enfin le G. O. voulait bien leur départir ses lumières, les reconnaissait pour bons et zélés maçons et leur accordait en conséquence les pouvoirs et constitutions néces-saires pour les rendre réguliers ainsi que leurs travaux passés, présents et futurs et pour les faire reconnaître dans toutes les loges vraiment éclairées. Les ff. répondent à cette annonce et ont témoigné leur joie par toutes les acclamations d'usage.

Le vénérable président a fait lire les constitutions, les a fait passer à tous les frères a fait ensuite l'analyse des plans du G. O. et de la maçonnerie, en a lu les endroits les plus inté-ressants, a fait remarquer la nécessité, la sagesse et la fraternité de ces statuts, a invité tous les ff. à en prendre communication. On a demandé à chacun des ff. en particulier et à tous en géné-ral s'ils consentaient à se soumettre aux réglements faits et à faire par le G. O. de France tous on (sic) levé la main et emportés par leur zèle, sans attendre le signal du président, ont fait et répété les acclamations et applaudissements ordi-naires.

Le Vénérable f. D'Assigny a communiqué ensuite sa commis-sion à l'effet d'installer la Loge et les planches tracées par le G. O. qui étaient jointes, il a lu la formule d'obligation que chaque f. devait prêter et a demandé aux ff. s'ils consentaient à l'installation d'une Loge de Saint-Jean à l'orient de Nevers sous le titre distinctif de la Colombe dont il serait le président et les ff. Normand et Prizye surveillans. Tous ont levé la main et ont répondu par les applaudissements d'usage.

Le V. f. D'Assigny a dit ensuite au f. 1er surveillant de se faire remplacer; il l'a appelé aux pieds du trône; la, un genou en terre devant l'autel le f. 1er surveillant a demandé les ordres du V. Le frère d'Assigny lui a frappé de son maillet sur l'épaule par le N.·. M.·. lui a tendu la main, l'a relevé, lui a donné l'aco-lade et lui a remis le présent maillet en lui disant : V. f. 1er surveillant. De la part du très S∴ G∴ M∴! ensuite des ordres de la G∴ nationale et avec le consentement de cette V∴ L∴ je vous prie de vouloir bien m'installer et annoncer aux ff. mon installation (1).

Le frère Normand 1er surveillant est monté sur le trône et a dit :

DISCOURS DU F. NORMAND

Quelle joie pour moi, mes ff. de présider à cette assemblée dans ce précieux instant destiné à faire reconnaître pour chef de cette Loge le V. f. D'Assigny. Nos cœurs d'accord avec notre raison, l'avaient déjà librement élu. Le consentement du G∴ O∴ de France, la légitimation que nos travaux viennent de recevoir et l'union que nous venons de contracter avec ce point central duquel partent les rayons de la vraie lumière, tout nous présage sous son gouvernement des jours sereins. La discorde et l'envie ne feront point siffler leurs serpents sur nos têtes; l'amitié régnera dans nos cœurs. Dociles à la voix de notre chef nous témoignerons une soumission libre à ses instructions; nous verrons en ui le représentant des sublimes administrateurs de l'art royal qui sont eux-mêmes les représentants du grand architecte; il sera pour nous ce qu'était l'hyérophante dans les mystères d'Isis et de Cérès: il nous révélera les choses sacrées; il nous dévoilera les mystères; il nous encouragera par son exemple à pratiquer la vertu, à aimer nos semblables, et à pénétrer le sens des paraboles.

L'art royal ainsi nommé parce qu'il égale aux Rois ceux qui le professent dignement ne fut pas inventé pour piquer la curiosité des profanes ni pour faire rire aux dépens des récipiendaires. Le plaisir que nous devons y trouver ne ressemble à rien aux amusements des gens du monde. Nos banquets ne sont pas établis pour satisfaire la sensualité. Le but de notre association est vraiment sublime; il n'est point d'institution humaine; j'ose l'affirmer, l'Eternel seul en a posé les fondements, et, dut-on me traiter de visionnaire, je ne me lasserai point de répéter : ce lieu est vraiment saint, l'Eternel l'habite et anime l'homme, il l'a créé son semblable et il le destine aux connaissances les plus merveilleuses. La Maçonnerie, mes ff., est un grand arbre dont les racines embrassent tout le globe

____

(1) Ces formes rituéliques ont été depuis longtemps modifiées.

terrestre. Le souverain architecte distribue la sève de cet arbre mystérieux, et ses branches, qui remplissent l'immensité, représentent les différents êtres que la nature renferme dans son vaste sein. Heureux, mille fois heureux le sage qui pourra suivre leurs différentes ramifications, qui, montant au sommet, pourra s'y soutenir et s'approcher du soleil sans redouter le sort de l'audacieux Icare.

La Physique, le social et l'intellectuel; la connaissance des éléments, de leurs combinaisons et de leurs phénomènes; la culture des arts utiles sans exclure ceux qui sont de pur agrément; l'accomplissement des devoirs, la science des droits et le maintien de l'ordre de la société; les spéculations même les plus abstraites sur la nature de l'homme, de son âme et de ses facultés, sur l'essence, le pouvoir et la sagesse de l'Être suprême, voilà mes frères les branches principales qu'un maçon instruit et zélé doit parcourir jusqu'au somet.

Le sublime orient, qui vient de nous départir un de ses rayons, nous servira de guide dans une aussi généreuse entreprise; c'est en son nom que je porte la parole et que je vous invite à reconnaître l'Être suprême, à obéir aux lois et aux Rois, à être les bienfaiteurs de l'humanité par la science, par le courage et par la vertu. La branche sociale de l'art est à la portée de tous les individus; et c'est par notre union mutuelle, c'est en marquant de l'amour pour nos semblables, c'est en traçant aux autres hommes la route du bonheur que nous serons vraiment utiles, vraiment recommandables. Nous y sommes engagés en entrant dans le monde; nous l'avons solennellement promis lors de notre initiation, et nous sommes assemblés en ce jour pour en renouveller la promesse. Le Vénérable f. D'Assigny va vous donner l'exemple de la soumission aux décrets de nos chefs, il nous donne depuis longtemps celui de la pratique de nos principes moraux; il nous éclaire, il nous fait épeller cette parole sacrée, toute ineffable qu'elle soit pour les langues profanes. Déjà nous commençons à rendre sensible le Créateur et son ouvrage. Déjà le G. O. réunit les vrais maçons pour en faire un tout qui manifeste sa sagesse et la fraternité.

J'ai joui peut-être trop longtemps d'un honneur qui ne m'est pas dû pour obéir aux formes qui nous sont prescrites, j'ai osé monter sur ce trône, il est tems que j'en descende, que je remette en de plus dignes mains ce maillet, ce sceptre de ma dignité précaire; il est tems que je m'acquitte de l'emploi qui m'est confié. C'est entre mes mains que le président légitime de cette auguste Assemblée doit promettre à l'Eternel, à la Maçonnerie, au G. O. et à vous, mes frères, de maintenir dans toute leur intégrité les loix, les formes et les priviléges de l'art royal et des maçons.

Approchez je vous prie, vénérable frère D'Assigny; nous vous avions précédemment choisi pour nous régir, le G. O. a justifié notre choix. L'obligation que je dois exiger de vous n'ajoute rien à notre confiance; mais il est des formes extérieures nécessaires pour l'autencité des loix; vous allez être chargé de nous les faire observer, vous allez être notre interprète auprès du G O.: c'est par votre médiation que nous en serons éclairés. Les constitutions que vous nous avez annoncées vont légitimer nos travaux, la soumission que vous allez témoigner aux formalités que ces constitutions exigent ratifiera notre choix et cimentera votre autorité.

Ici, le f. D'Assigny s'est approché du Trône et de l'autel, et là un genou en terre, et les mains jointes entre celles du f. Normand il a prononcé son obligation dans les termes suivants prescrits par le G. O.

Je promets d'honneur en vrai maçon d'être constament et fidèlement attaché au G. O. de france et de me conformer aux statuts et règlements faits et à faire par lui. En foi de quoi j'ai signé à l'orient de Nevers, le 14e jour du second mois de l'an de la V. L. cinq mil sept cent soixante et seize.

Le frère Normand après ce serment a dit aux frères : Vous avez entendu la promesse que vient de faire notre vénérable f. D'assigny en conséquence, par le pouvoir et ensuite des ordres à moi adressés par le g. o. de france, je l'instale président de cette R. L. de St Jean de la Colombe à l'orient de Nevers et vous exhorte à le reconnaître pour tel, à écouter ses instructions et à lui obéir en toutes choses légitimes de l'art royal. Et vous, mon vénérable frère, je vous instale et déclare à cette auguste L. que vous êtes le président de la L. SJean de la Colombe par le consentement libre de tous les f. qui la composent et qui ne doutent point que fidèle aux loix de la Maçonnerie vous serez de plus en plus digne de leur choix et de leur amitié. Que le grand architecte de L'univers nous protège les uns et les autres. Amen.

Pendant cette dernière phrase, les frères faisoient la voûte d'acier et le f. Normand avec le maillet frappait sur son glaive par les N. M. il a dit ensuite aux ff. qui faisaient les fonctions de surveillans : mes ff. annoncez à vos colonnes que le V. f. D'assigny est installé président de cette auguste L. ce qui an-

noncé et répété aux deux colonnes a été suivi des applaudissements et acclamations.

Le f. Normand est ensuite descendu, a remis le maillet au
f. D'assigny en lui donnant l'accolade et a repris la place du
1er surveillant.

Le f. D'assigny a dit au f. orateur d'appeler successivement
tous les ff. et de les avertir d'aller prêter leur obligation à l'autel, à commencer par les officiers et ainsi de suite suivant les
grades, ce qui a été exécuté.

Le président après avoir reçu ces obligations a adressé à
chacun des ff. une exhortation particulière pour leur représen-
ter leurs devoirs soit dans leurs offices soit par rapport à la
Maçonnerie.

Après toutes ces cérémonies, le V. f. D'assigny a dit : en
conséquence de la lecture qui vient d'être faite des constitutions accordées à cette R. L. et en vertu de l'obligation prêtée
par tous les ff. ici présents au nom du G. O. de france j'instale
ladite loge pour jouir de ses lumières, pour participer aux avan-
tages et pratiquer les travaux dévolus aux maçons réguliers.
ff. surveillans avertissez les colonnes que la loge SJean de la
Colombe à l'orient de Nevers est instalée. Cette phrase répétée
dans chaque colonne a été suivie de l'applaudissement et de
l'acclamation d'usage.

Il a été ensuite unanimement décidé que pour soutenir la
dignité du G. O. et concourir aux dépenses nécessaires à l'administration générale de la Maçonnerie en France la L. enver-
rait tous les ans pour don gratuit au trésorier du G. O. la
somme de quarante-huit livres qui serait payée pour la première
fois dans le courant du mois de décembre prochain, et ainsi
continuée d'année en année à la même époque jusqu'à ce que
les moiens de la L. s'accordant avec son zèle lui permit de faire
une offrande plus considérable.

Cela fait la L. a fermé ses travaux

Fait dans la L. SJean de la Colombe à l'orient de Nevers, les
jour et an susdits.

Signé : D'ASSIGNY Vble FLAMEN D'ASSIGNY O∴ E∴ NORMAND
1er survl PRIZYE 2o survl R∴ C∴, DAUBIGNY, MARTIN R∴ C∴
BERTHIER, E∴ PRIZYE DE CHAZELLES M∴ P∴, D'OLEIRE m∴
BEGUIN∴ A∴ C∴

Le G∴ O∴, le 24 Juin 1776, accepte avec reconnaissance l'offre des 48 livres
votées comme « don gratuit ».

Le 8 juillet 1776, il accuse réception des procès-verbaux d'installation.

EXTRAIT DE LA TROISIÈME ESQUISSE

Le jour même de l'installation, le f∴ D'assigny, vénérable, obligé de se rendre à Strasbourg d'où il ne pourra revenir que dans 18 mois demande à l'assemblée de vouloir bien désigner un autre V∴ Le frère Jean Baptiste flamen D'assigny, O∴ E∴ a été élu. Il a prononcé un discours. Après avoir exprimé son « effroi » de se voir élevé à la présidence, lui jeune maçon, il espère que son zèle et son dévouement l'élèveront à la hauteur de sa charge. En des termes chaleureux et émus, il exprime l'espoir que la L. sera prospère, durable, et qu'elle se fera remarquer par le G. O. de France par son zèle, son activité, sa fidélité, etc.

« Imprimons à tous nos règlemens le sceau de la maturité, de la convenance et de la raison. Donnons de la dignité à toutes nos cérémonies, que la manière en soit aussi simple aussi noble que le fond des choses en est respectable. Ne négligeons pas l'estime publique sans laquelle il n'est point de considération pour les corps, point de bonheur pour les particuliers. Portons dans la société le goût des choses utiles en même tems que l'exercice des vertus qui en font la sûreté et la douceur, honorons par là aux yeux du profane Vulgaire un ordre illustre dont il n'a peut-être pas toujours sans prétexte calomnié les mystères. Surtout mes c. ff. que la charité, la concorde et la paix aient en particulier des temples dans nos cœurs, afin que nos égaux, nos supérieurs, le souverain, le ciel même n'aperçoivent jamais dans les maçons que des amis, des hommes justes et de bons citoyens. »

Signé — FLAMEN D'ASSIGNY E∴ représentant le V∴

Par mandement de la R. Loge

Signé — PRIZYE DE CHAZELLES. secrétaire.

L' « obligation » du Vénérable est imprimée. Elle porte la signature de tous les ff∴, sauf celle du f∴ Colas, dont le nom figure néanmoins, mais avec la mention « croix du f∴ Colas *illeteré* ».

Un tableau des membres est annexé aux procés-verbaux d'installation. C'est à peu près le même que celui qui accompagnait la demande de constitution (Voir ci-dessus).

Les variantes sont les suivantes :

Le f.·. Gilbert Flamen d'Assigny, vén.·. fondateur a un « substitut » : le f.·. Jean Flamen d'Assigny (celui-ci est appelé Jean-Baptiste sur la 3e esquisse), Le f.·. Claude Gaspard de Prizye de Chazelles, auditeur de la Chambre des Comptes, le remplace comme orateur et secrétaire ; le f.·. de Berthier, indiqué comme ayant le grade de maître-parfait, a maintenant celui d'écossais ; le f.·. de Givry n'y figure plus ; le f.·. de Cougny y figure par contre, avec la mention « agrégé à l'installation de la loge ».

Quelque temps après la L.·. dresse un nouveau tableau de ses membres ; nous le reproduisons, malgré la répétition qu'il entraîne, à titre documentaire :

TABLEAU ALPHABÉTIQUE

des fr.·. qui composent la R. L. de Saint-Jean de la Colombe à l'orient de Nevers en BOURBONNAIS *(sic) à l'époque du 1er jour du 3e mois de l'an de la vraye lumière cinq mil sept cent soixante-seize.*

D'AVRILLY, ancien mousquetaire, maître, fondateur de la L.·., résidant à Nevers.

Etienne-François comte de BERTHIER, ancien mousquetaire, écossais, fondateur, trésorier, à Nevers.

Antoine BÉGUIN, entrepreneur des turcies et levées de Loire, compagnon, à Nevers.

Pierre de la CHAUSSADE de Villemenant cap. de cavalerie, compagnon, à Paris.

De COUGNY, ancien mousquetaire, agrégé à l'installation, à Paris.

Sigismond-Henri DOLEIR, commissaire des droits seigneuriaux, maître, fondateur — frère terrible — Nevers.

Gilbert FLAMENT d'Assigny, cap. du génie, Rose-Croix, fondateur, vénérable, Strasbourg.

Jean (Baptiste) FLAMEN d'Assigny, avocat au Parlement, maître

— 38 —

des comptes du duché de Nevers, écossais, substitut du véné-
rable, Nevers.
François l'HERMITE d'Aubigny, lieut^t d'artillerie.
Louis-Charles MOREAU de Bouis, officier du génie.
Toussaint MARTIN, inspecteur des levées de Loire.
Charles-Pierre NORMAND, ingénieur.
Charles PRIZYE, maître des comptes.
Claude-Gaspard PRIZYE de Chazelles, auditeur à la
chambre des comptes.
Pierre PRIZYE Dury, lieutenant.
Pierre PRIZYE, capitaine.
Anne-Marie RAPINE de Saxi, officier du génie.
François RAPINE de Saxy, officier d'infanterie.
Nicolas les VERMÉS, officier des eaux et forêts.
Nicolas HOUETTE, valet de chambre du comte de Berthier.
François COLAS, habitant de Nevers.

Un journal local (1), qui s'est fait une spécialité dans les attaques contre la Franc-Maçonnerie et qui vante la sûreté de ses informations, a exposé à ses lecteurs ce qu'il savait des origines de l'Association qu'il abhorre, dans son numéro du 16 décembre 1911.

Après avoir parlé des deux loges ayant existé à Nevers avant 1789, il ajoutait, par habitude sans doute de dénaturer les faits :

« Le personnel de ces loges se compose de petits employés, de commerçants, de commissaires de police et de chefs de bureau de la préfecture ».

Le tableau ci-dessus, ainsi que celui de 1783 (voir plus loin), démontre combien le pieux journal est *sûrement* informé, tout au moins en ce qui concerne la Loge « La Colombe ».

∴

Pendant treize ans, la L∴ La Colombe se livra à ses travaux. La correspondance qu'elle a échangée avec le

---

(1) *Paris-Centre.*

G∴ O∴, constitue malheureusement les seules archives que nous ayons pu consulter et elle peut paraître insuffisante pour donner une idée précise de ces travaux. Que sont devenus les livres d'architecture, la bibliothèque, les archives ? Il nous est encore impossible de le dire.

Nous allons donc nous contenter pour l'historique de la loge des seules pièces conservées au G∴ O∴ ; elles nous permettront d'ailleurs d'établir que les ff∴ de La Colombe, qui constituaient une élite intellectuelle, étaient des maçons pleins de zèle et d'activité. Nous montrerons ensuite par l'étude de leur vie civile que la plupart d'entre eux n'ont pas démenti au dehors leur qualité de francs-maçons, c'est-à-dire d'hommes libres et de bonnes mœurs, propagateurs des idées de justice et d'humanité. Quelques-uns ont occupé au moment de la Révolution d'importantes situations et ce sera avec fierté que nous démontrerons que les maçons de 1789 surent faire leur devoir.

∴

Nous allons analyser les pièces de la correspondance de la L∴ avec le G∴ O∴.

Remarquons tout d'abord la formule placée en tête de la correspondance.

« D'un lieu très éclairé et très fort où régnent l'union, la paix et le silence ».

Remarquons également que les abréviations n'ont pas toujours été tri-ponctuées, et que les premières années les trois points au lieu de former un triangle équilatéral ∴ formaient un triangle isocèle ∴ ou rectangle ∴ celui-ci dessinait l'équerre).

Le 29ᵉ jour du 3ᵉ mois 1776, la L∴ annonce au G∴ O∴

1° un « don gratuit (1) » de 48 livres ; la L∴ regrette de ne pouvoir faire plus ; 2° l'envoi des pièces d'installation de l'atelier ; 3° le retrait au f∴ de Saxi du mandat de député, qu'il ne peut remplir en raison de ses études et son remplacement par le f∴ de Villemenant.

Le 9e jour du 9e mois de la même année, demande de certificats au G∴ O∴ pour les ff∴ « Gilbert Flamen d'Assigny, capitaine au corps royal du génie, *apprenti, compagnon et maître, et souverain prince d'Hérédom,* vénérable, né à Nevers le 18 février 1743.

« Pierre de la Chaussade de Villemenant, ancien capitaine de cavalerie, apprenti, compagnon et maître, député de la L. au G. O. de france, né à Paris, le 21 décembre 1752 ».

Ces certificats doivent servir à les faire reconnaître comme maçons réguliers.

Le 9e jour du 10e mois, demande de certificats pour les ff∴ Flamen d'Assigny, de Villemenant et Prizye de Chazelles, qui doivent aller à Paris.

« Que le voile impénétrable à tout profane disparaisse à leurs yeux et que la lumière se propage en leur faveur; ils sont dignes de votre estime par leurs qualités civiles et maçonniques ; ils méritent votre confiance par leurs qualités de cœur ».

Le 27e jour du 10e mois 5776, demande de 8 certificats.

Le 9e jour du 5e mois 5777, planche importante au G∴ O∴ pour réfuter une pl∴ de la L∴ L'Aimable Concorde, à l'or∴ de Rochefort, qui protestait contre une décision du G∴ O∴ ayant, malgré les réclamations de la Loge, accordé des constitutions à des ff∴ dissidents, séparés d'elle à l'occasion des Loges d'adoption.

---

(1) Redevance payée à titre de participation aux frais du pouvoir mac∴ central.

La L∴ de Rochefort faisait appel à toutes les L∴ de France de la décision de la L∴ du conseil du G∴ O∴ qui venait de juger et de rejeter ses conclusions.

Les ff∴ de Nevers ont pensé, « après avoir dans le feu d'un saint zèle failli *tonner* contre des ff. qui s'égarent, qu'il convenait d'être des conseils et non des juges ». Ils ont donc cherché à démontrer aux ff∴ de Rochefort que le G∴ O∴ avait agi dans la plénitude de ses droits et au mieux des intérêts de l'Ordre.

« Nous n'avons pas oublié que le principe du Gouvernement, étant l'amour, c'était en touchant les cœurs que nous pouvions dissiper les préventions, les illusions de l'esprit ».

A cette planche sont joints : 1° un rapport très étendu, d'un f∴ qui n'est pas nommé, sur la question soulevée par la L∴ de Rochefort; 2° une copie de la lettre adressée par la L∴ la Colombe à la L∴ protestataire. La fraternité la plus pure y est exprimée dans des termes très élevés. Le ton général de la lettre est très émouvant. Sa longueur ne nous ayant pas permis de la copier tout entière, nous en avons extrait seulement quelques passages :

Le maçon vit et meurt libre, t∴ c∴ f∴, et si tous forment entre eux dans le monde entier une Société générale, dans les différents points du globe, ils forment aussi des Sociétés particulières, et les devoirs, les engagements des maçons considérés sous ce double point de vue, sans être opposés sont cependant fort différens. Comme maçons, ils ont la nature entière pour atelier; comme membres de cette loge ils ont le régime particulier qui leur est propre, et s'ils n'en sont pas contents, ils sollicitent leur admission dans un autre, ou bien, s'ils sont en nombre suffisant, en remplissant les formes établies, ils élèvent un nouveau temple dans lequel ils portent leurs vœux et leurs travaux.

. . . .

Le G∴ O∴ n'est pas un despote; il n'est pas non plus un monarque; mais il est un souverain, et il ne l'est que par vous et pour vous. Il est le conseil suprême de la maç. française; il est dépositaire des dogmes dans toute leur intégrité, des usages dans toute leur pureté ; il est législateur de votre aveu et de votre aveu il est revêtu du pouvoir de juger soit les affaires générales de la maçonnerie soit les affaires particulières que les LL.'. portent devant lui.

. . . .

C'est l'esprit de fraternité qui plus que nos raisons doit vous faire un devoir de la paix. Un grand faisceau de lumière va venir de toutes les LL.'. que vous avez consultées; mais la lumière toute seule éblouit et fait baisser les yeux; mêlons-y les douces prières de l'amitié, et pour réveiller l'intelligence ébranlons d'abord la sensibilité. Ouvrez donc vos cœurs, t.'. c.'. f.'., nous vous en conjurons avec larmes. Laissez-en couler ce que votre zèle a pu y faire entrer de trop sévère. Que la bonté, l'indulgence, que tous les sentiments qui donnent des jouissances douces et pures y prennent la place de ces sensations fortes mais austères qui donnent à l'âme une trompeuse élévation.

Le G.'. O.'., par une planche du 18 août 1777, adressa des félicitations à la L.'. de la Colombe pour sa réponse à la L.'. de Rochefort.

Le 23 décembre 1776, le G.'. O.'. se plaint de l'abus des certificats demandés par les ff.'. — Pour remédier à ces abus, il demande de préciser les renseignements civils et maçonniques sur les demandes.

Le 9e jour du 10e mois 5777, demande de 3 certificats.

Le 11 décembre 5777, envoi de la somme de 48 livres, don gratuit, porté par le f.'. de Chazelles secrétaire.

Le 5e jour du 12e mois 5778, lettre du f.'. Flamen d'Assigny, député de la L.'. au G.'. O.'. demandant des instructions pour pouvoir suivre avec fruit les travaux du G.'. O.'. demandant également les publications du G.'. O.'.

Le 15e jour du 1er mois 5778, demande de 2 certificats.

Le 27e jour du 1er mois 5778, demande de 3 certificats.

Le 27e jour du 9e mois 5778, demande de 2 certificats,

Le 1er jour du 11e mois 5778 (1er janv. 1779), 32 membres + 2 servants.

Tableau imprimé (le 1er).

L'adresse de la L∴ figure cette fois :

A *Monsieur Abel de Moloch* (1), chez M. Deville, négociant à Nevers. Le concierge est le f∴ François Colas.

Les officiers : Normand, Vénérable Berthier, 1er s¹, Prisye, 2e, Dechamps du Creuzet, or∴, Boizeau de Ville, secrét., Beguin, trésorier, Martin, m. des cér. — J'y relève les noms du comte de Soudeilles et de Prévost de la Croix.

Le 1er jour du 11e mois 5779 (1er janv. 1780), tableau imprimé. Pujol de la Grave, Vén∴ (lieut¹-colonel au régiment « royal-piémont »).

Le 9e jour du 11e mois 5779, demande de certificat.

Le 20 du 3e mois 5780, lettre de la L∴ au G∴ O∴, au sujet des dissensions qui règnent à Paris au sein de la Maç∴ par rapport à la L∴ Ecossaise du *« Contrat social »*.

La L∴ de Nevers donne son avis…

Le tranquilité et la paix sont donc l'objet de nos vœux, et nous croyons donc devoir exciter, prier même, les députés des Loges et tous les vrays maçons, de séparer toutes vuës humaines des vuës maçonniques, de s'intéresser au rétablissement de l'unité, de ménager dans leurs avis l'amour-propre de leurs frères, de manière que ces avis conciliateurs ne puissent ny blesser la décence du G. O. ny compromettre l'honnêteté de la L∴ du Contrat social ny les droits d'aucune autre.

Passons maintenant à des objets moins affligeants.

Nous avons appris par les nouvelles publiques l'éclat que les bontés de sa majesté le Roy de Suède viennent de répandre sur notre ordre. C'est maintenant que notre institution peut, même parmy les prophanes *(sic)* être qualifié *d'art Royal.* Caroline a satisfait nos cœurs en arrachant nos ff∴ à une injuste

____

(1) Anagramme de « de la Colombe ».

persécution. En mémoire de ses bienfaits nous faisons en même temps dans nos banquets des vœux pour la santé de notre auguste monarque et celle de cette respectable princesse. Le Roy de Suède rendant justice à la sublimité de nos principes nous comble de gloire, il mérite également notre reconnaissance et notre hommage. En conséquence nous avons unaniment décidé le 27 du mois dernier que sa santé serait annoncée avec le feu le plus parfait, en même temps que celle de la reine de Naples, de notre souverain et de notre illustre famille, et qu'il soit fait part de cette délibération au G. O.

Nous sommes avec l'attachement le plus fraternel et les honneurs qui vous sont dûs par le N∴ M∴ q∴ v∴ s∴ c∴ tt∴ cc∴ ff∴

Vos très affectionnés ff∴

Le 1er jour du 10e mois 5780. (Remarque au sujet de la date : Celle-ci est indiquée ainsi : 1er jour 10e mois 5780 dans un X : le 1 dans l'angle de gauche, 10 dans l'angle supérieur, 57 dans l'angle de droite et 80 dans le 4e angle.)

Lettre de la L∴ au sujet des souscriptions demandées par le G∴ O∴ au journal de littérature, au profit des orphelins des invalides et à l'encyclopédie poétique.

La L∴ fera son possible pour trouver des souscripteurs. A ce propos, elle croit devoir protester contre l'abus des correspondances de ce genre. Elle fait, de plus, des réflexions assez piquantes sur l'abus qu'entraîne l'envoi aux LL∴ du compte-rendu détaillé des fêtes maç∴. Certaines Loges ne font grâce ni d'un vivat ni d'un applaudissement. Elle dit que si les caractères d'imprimerie employés étaient plus petits, il faudrait moins de papier, le port des journaux (ici il faut entendre les Etats du G∴ O∴ ou comptes-rendus des LL∴) serait rendu moins coûteux.

Quarante écus épargnés chaque année sur les ports de lettre, dit la L∴, peuvent procurer des soins à trois malades et sauver leur vie à trois pères de famille et multiplier les actes de bienfaisance; les fortunes sont bornées et les ll∴ peu nombreuses et la plus légère augmentation de dépenses peut forcer de très zélés maçons à demander leur retraite.

Le 25ᵉ jour du 10ᵉ mois 5780, le f∴ Claude Chevalier est nommé député au G∴ O∴.

Le 1ᵉʳ jour du 11ᵉ mois 5780 (1ᵉʳ janv. 1781), tableau imprimé. Vén∴ le f∴ Martin. 26 présents, 8 absents. Même adresse de la L∴. — On y remarque comte de Berthier, Sallonnyer d'Avrilly, Andras, chevalier de Congny, Truitié de Varreux, etc.

Le 27ᵉ jour du 2ᵉ mois 5781, planche désignant le f∴ Chevalier comme député au G∴ O∴.

Le 24ᵉ jour du 4ᵉ mois 5781, la L∴ informe le G∴ O∴ qu'elle maintiendra les 48 livres primitivement fixés comme « don gratuit »; elle ne peut faire plus.

Elle récrimine contre la taxe de 3 livres que veut établir le G∴ O∴ et s'élève encore contre les dépenses inutiles provenant d'envois, par la poste, trop multipliés. Elle gémit contre un f∴ André Honoré qui, après avoir fait acheter des livres « inutiles et assez mal rédigés, de mauvaises comédies », a profané l'ordre en publiant nos grades. Elle demande que dans les imprimés on évite le luxe typographique, les grandes marges et que les envois soient faits par la voie la plus économique.

Le 24ᵉ jour du 4ᵉ mois 5781, enregistrée le 9 juillet 1781 au G∴ O∴, la L∴ rend compte de l'impossibilité où elle se trouve de concourir à l'acte de bienfaisance demandé par le G∴ O∴ à toutes les Loges de France, en vue d'aménager dans chaque ville un local pour y faire élever des enfants « qui, quoiqu'ils soient le fruit du crime et de la faiblesse, n'en sont pas moins des hommes ». La Loge convient qu' « augmenter les ressources pour la nourriture de ces enfants naissant est dignes de louanges, que l'on conserve par là les moyens de nourrir ceux des citoyens et de conserver la pureté du lait des nourrices qui pourraient altérer leur santé en confiant leur sein à des créatures produites par le libertinage ».

Mais elle explique qu'en province le moindre nombre des célibataires « et conséquemment de séductions diminue la quantité d'enfants trouvés et la réduit à une proportion fort inférieure au rapport de sa population. Chaque fille faible connaît son séducteur et le mariage répare souvent leur faute. La crainte de l'infamie les retient davantage; le grand air, la proximité des pâturages, la contribution des pères qui sont souvent connus augmentent les ressources; plusieurs mères même se chargent d'allaiter leur enfant. Aussi l'établissement proposé y est moins nécessaire qu'à Paris. Nous avons d'ailleurs à Nevers un hôpital très riche, dont les jardins sont spacieux, qui nourrit un troupeau de vaches assez nombreux et qui est chargé d'élever tous les enfants trouvés qu'on présente et même les enfants légitimes des pauvres artisans. » La Loge ajoute que l'existence de nombreux ateliers de faïenciers empêche le chômage et fait qu'il y a très peu de malheureux.

« ..... Soulager les pères de famille dans leurs maladies, les chauffer pendant l'hiver, faire apprendre les métiers à ceux de leurs enfants que l'oisiveté pourrait porter au vice, voilà où tendirent nos réflexions et à quoi nous bornâmes nos soins compatissants. Nous les exerçons au jour le jour selon nos moyens et les circonstances ».

Le 9e jour du 11e mois 5781 travaux et acte de bienfaisance de la L∴ f∴ de Maubranche, Flamen d'Assigny et Prizye éclairant l'or⁺ pour célébrer la naissance de Monseigneur le Dauphin.

On délibère sur l'acte à accomplir. Rapport sera fait (1).

« Le 27e jour du 10e mois 5781, à la fête de Saint-Jean rapport

---

(1) Dans ce document il semble que la L∴ appartenait à la 3e paroisse de Nevers.

ayant été fait par l'or.'. de la contribution volontaire des ff.'. de la L.'. et de celle de nos tr.'. ch.'. sœurs du chantier d'adoption on fixa le jour de la cérémonie au 31e jour suivant.

« En conséquence ledit jour à 11 h du matin les frères étant assemblés sans aucun ordre maçonnique on habilla 12 pauvres enfants ainsi que l'enfant adopté par la L.'. à qui on donna son trousseau et dont on paya l'apprentissage.

« Après la messe, une table de 12 couverts attendait les enfants qui pendant le repas ne cessèrent de crier à chaque santé Vive le Roi, Vive la Reine, Vive Monseigneur le Dauphin. Après quoi on donna à chacun du pain, de la viande et une petite somme pour se réjouir le soir avec ses père et mère.

« Le dîner des ff.'. ne fut point maçonnique. On y avait invité les ecclésiastiques officiants (1) ».

Le 27e jour du 12e mois 5781. Envoi de 48 livres au G. O.

Le 24e jour du 4e mois 5782. La L. continuera à verser 48 fr.

Le 1er jour du 11e mois 5783. Tableau imprimé. (Voir aux annexes la reproduction d'après photographie).

Le 13e jour du 2e mois 5784. Idem. Laporte, concierge; Morin, aide-concierge.

Même jour. Demande de 8 certificats.

Du 13e jour du 6e mois 5788. Enreg. au G. O. le 15 septembre 1788.

La L. fait la confidence (sic) aux ff.'. du G. O. de ses malheurs ; elle rappelle sa fondation, sa prospérité première, puis ses ennuis, la diminution de ses membres par suite d'éloignement des uns, de revers de fortune des autres, de chagrins domestiques ; elle explique ses retards dans sa correspondance et dans l'envoi de ses dons gratuits.

---

(1) Les banquets maçonniques ont bonne réputation au point de vue gastronomique ; il serait plaisant de savoir si l'amour de la bonne chère a été le seul mobile des ecclésiastiques qui en assistant à cette fête maç.'. désobéissaient au Pape qui à plusieurs reprises avait fulminé contre la « secte mauvaise » !!

« C'est dans le 2ᵉ mois de l'an 5776 que la V∴ L∴ a commencé à briller à l'or∴ de Nevers. Les fondateurs qui reçurent du G∴ O∴ de France la P∴ constitutive de Saint-Jean sous le titre distinctif de la Colombe surent par leur zèle, leurs qualités personnelles, leur intelligence et la constance de leurs travaux jetter les fondements de l'édifice auguste dont le plan leur étoit confié. Pour rendre ces fondements solides, ils combinèrent dès lors les desseins (sic), les plans et les matériaux nécessaires. Tout fut tracé avec soin, tout fut médité avec attention et placé avec ordre. La solidité des travaux sembloit promettre à ces illustres fondateurs un établissement inébranlable et à l'abri des entreprises du tems. En effet, depuis cette époque jusqu'au 12ᵉ mois de l'an de la V∴ L∴ 5786, ils avoient vu avec une satisfaction bien douce la Maçonnerie f∴ croître et se fortifier dans l'enceinte du t∴ de la Colombe, ils avoient à se féliciter du choix et du nombre des ff∴ qui en faisoient l'ornement ; les travaux se soutenoient avec ferveur ; l'union fraternelle, l'amitié et l'humanité bienfaisante en étoient le but principal ; mais le tems contre lequel toutes les précautions paraissoient prises, le tems ce vieux maître des empires, des monuments, des constitutions et des humains, a été au moment de renverser la L∴ de la Colombe. Vers le 1ᵉʳ mois de l'an de la V∴ L∴ 5787, Epoque à laquelle les ff∴ devoient renouveller le bail du local où ils ont placé leur temple, s'il n'a pas péri entièrement, du moins a-t-il été fortement ébranlé.

. . . .

« Beaucoup de nos ff∴ ont éprouvé des pertes douloureuses dans leur famille ; les événements publics, les changements opérés ou annoncés ont encore ajouté à leurs chagrins domestiques, en sorte que pour leurs affaires, pour leur état et pour leur fortune ils ont été continuellement en courses, en voyages très longs à Paris, et vous savez comme nous, tt∴ cc∴ ff∴ combien ils ont malheureusement à craindre pour leur état et par conséquent pour une partie de leur fortune.

. . . .

Le 13ᵉ j. du 12ᵉ m. 5788. la L. rappelle sa dernière pl∴ au G∴ O∴ lui faisant part des ennuis rencontrés par l'At∴. Elle accuse ensuite réception des pièces envoyées par le G∴ O∴, notamment une circulaire invitant les LL. de la correspondance à se former en chapitre et à prendre les nouveaux grades.

Elle expose à nouveau les difficultés soulevées par le local, dont le propriétaire est décédé laissant un mineur. Elle se voit contrainte d'abandonner ce local. « Le f.·. Desnoyers, (maître particulier de la Maîtrise royale) offre de retirer, dans un endroit secret et sûr, nos meubles, nos bijoux, nos ornements, nos livres d'architecture, nos constitutions, nos plans symboliques et nos statuts et règlements particuliers, jusqu'à la possession d'un nouveau local ». En conséquence, les travaux de la L.·. seront suspendus.

Le trésorier est autorisé à payer l'arriéré dû au G.·. O.·. (240 livres - 5 années écoulées, la 6ᵉ en cours) dès qu'il aura réuni les fonds nécessaires.

Les ff.·. Turgan, Martin, Béguin (celui-ci demeurant place ducale à Nevers) sont désignés comme commissaires pour assurer la mise en sommeil.

« Nous attendons du tems, de notre zèle et de nos soins les moyens de calmer votre inquiétude sur le sort d'une L.·. qui vous est depuis nombre d'années si constamment attachée.

« Nous sommes avec les sentiments de la plus inviolable amitié et fraternité de notre or.·. de Nevers le 13ᵉ jour du 12ᵉ mois de l'an de la V. L. 5788

« Vos affectionnés et très dévoués ff.·. et officiers de la R.·. L.·. de la Colombe.

« Ont signé DESNOYERS, BEGUIN, MARTIN, NORMAND, TUR-GAN aîné, MORET, GILLET (sécrétaire) DEBONNAIRE. »

Le dernier tableau de la L.·. est du 9ᵉ j. du 12ᵐ 5788 (9 février 1789). Il donne les noms suivants :

Turgan, Martin, de Nuchèze [1], de Champs, Gillet [2], Béguin, Desnoyers, Debonnaire, Prizye-Duri, Andras,

---

(1) Lieutenant au régiment de Limousin.
(2) Avocat au Parlement.

Chevalier, Normand, Prizye de Niphond, Marandat, Moret [1], Gascoing de la Charnaye, 16 frères et 2 servants.

Adresse : à M. Abel de Moloch, chez M. Beguin, entrepreneur des travaux du Roy, place ducale à Nevers.

La L∴ s'étant ainsi mise en règle avec le G∴ O∴ a commencé son premier sommeil.

Il existe également au G∴ O∴ la minute de diverses lettres — huit exactement — adressées à la L∴ la Colombe par « *la chambre des Provinces* ». Nous avons eu occasion de parler de la plupart de ces lettres, nous n'y reviendrons donc pas; cependant, nous mentionnerons une pl∴ donnant mandat à la L∴ la Colombe d'étudier le cas d'un f∴ Goyard, de la L∴ de Moulins, qui se plaint d'avoir été radié par cette L∴, et de concilier l'affaire si possible. Cette lettre, datée du 13 novembre 1780, montre que la Franc-Maçonnerie était déjà installée aussi dans le Bourbonnais.

---

(1) Entrepreneur des travaux du Roi.

NOTICE SUR LES FRÈRES

Avant de clore cette première partie de notre étude, il nous a semblé utile de donner sur les membres de la L∴ La Colombe, des renseignements puisés dans l'histoire locale. Nous allons donc passer en revue tous les noms déjà cités.

Dans l'histoire de la L∴ *les Amis à l'Epreuve*, fondée à Nevers en 1777, nous aurons occasion de montrer que le recrutement de cette loge se faisait surtout dans le milieu ouvrier et bourgeois. Dès maintenant, nous tenons à signaler une manifestation non équivoque de la fraternité réelle qui animait les membres de cette L∴ Plusieurs membres de la L∴ La Colombe, comme on le verra plus loin, étaient détenus à Nevers, en floréal, an II ; un tribunal composé de Dracon le jeune, Marché, Combe, Bussières, E. Leblanc, Grelle, Bouchardon, Guinet, membres du Comité de surveillance de la commune de Nevers : « commissaires nommés pour « prendre le vœu du peuple sur la conduite des détenus « depuis le mois de mai 1789 » ; de Callot, agent national du District de Nevers, Dervand et Chouet, membres

---

Pour les Membres de la noblesse, nous avons indiqué les titres nobiliaires d'après l'ouvrage célèbre de A. Labot, intitulé : « *Convocation des Etats généraux et législation électorale de 1789. — Cahiers, procès-verbaux, opérations électorales des Assemblées du Clergé, de la Noblesse et du Tiers-Etat du Nivernois et Donziois réunis à Nevers et à Saint-Pierre-le-Moûtier en 1789. (Extraits des documents officiels). — 1860.* »

Les renseignements concernant le tribunal révolutionnaire sont extraits des « proclamations de *Noël Pointe, ouvrier-armurier, de la commune d'Armes,* « *ci-devant Saint-Etienne, député par la Convention nationale dans les* « *départements de la Nièvre, l'Allier, Saône-et-Loire et l'Yonne, aux* « *habitants de Nevers, le décadi, 10 messidor, l'an second de la République,* « *Une et Indivisible.* » (A Nevers, de l'imprimerie républicaine de Lefebvre Lejeune ; descente de la Maison commune. — L'an II de la République).

Ouvrage mis gracieusement à notre disposition par son propriétaire, M. Victor Gueneau. — Lefebvre le jeune fut membre de la L∴ Adam Billaud.)

dudit district ; de Besançon et Rateau, membres du Conseil Général de la Commune, siégea au *Temple de la Raison*(1), les 3, 4 et 5 floréal, en présence du peuple assemblé, et du représentant du peuple, Noël Pointe, pour juger les détenus. Or, parmi les membres de ce tribunal, Callot, Chouet et Guinot(2) au moins étaient francs-maçons ; tous les francs-maçons détenus ayant été relaxés (sauf un seul, Boizeau de Ville), il est bien permis de supposer qu'ils durent cet heureux résultat à l'intervention de leurs frères, membres du tribunal ; nous verrons d'ailleurs, quand nous parlerons des « Amis à l'Epreuve », le f∴ P. Seigneur défendu publiquement *par le f∴ Callot*. — (*Noël Pointe, p. 69 et 70.*)

∴

ANDRAS figure sur le 2ᵉ tableau de la L∴ du 1 mai 1776 sous le nom de *de Cougny*, ancien mousquetaire, *agrégé* à l'installation.

Sur le tableau de 1781, figure sous le nom de *Andras de Cougny* ; sur celui de 1784, Andras, chevalier de Cougny, ancien mousquetaire noir, M∴.

Le chevalier de Cougny est indiqué dans l'ouvrage de Labot, p. 283. : « Edme *Andras*, vicomte de Marcy, chevalier, seigneur de Cougny. »

Il comparut en personne à l'assemblée de la noblesse le 14 mars 1789, tant pour lui que pour Pierre-Charles ANDRAS comte de Marcy, baron de Poizeux, et Charles Andras, chevalier de Marcy, seigneur de Changy et Treigny.

Sur l'almanach de Nevers, p. 27, Andras de Cougny est « membre de l'Administration municipale de Nevers. »

---

(1) La « ci-devant » Cathédrale.
(2) On les retrouve à la reprise des trav∴ en 1804.

Il fut arrêté comme « ci-devant » et jugé au « Temple de la Raison » (la Cathédrale) par le Peuple assemblé.

Voici la note publiée par Noël Pointe, page 45 :

« E. Andras-Marcy. — L'Assemblée consultée sur la conduite « d'Edme Andras-Marcy, plusieurs citoyens ont rapporté qu'ils « l'avoient toujours vu marcher dans le sentier de la révolution ; « ce qui a été attesté par l'Assemblée. »

Il fut relaxé sous le n° 30 (p. 77).

.·.

BAUCHE, supérieur des minimes, à Nevers, figure sur le tableau de 1784, dans les ff∴ absents, il était R∴ C∴.

Un autre ecclésiastique le f∴ Pierre Bernard de Berniol, chanoine à Nevers, appartenait à la L∴ *Sainte-Cécile*, de La Charité.

.·.

BÉGUIN figure sur les tableaux de 1776, sous le nom de Antoine *Béguin*, entrepreneur des turcies et levées de Loire, comp∴ en 1776. — En 1778, il est le trésorier de la L∴ — Sur le tableau de 1784, il figure « entrepreneur des travaux du roi », architecte expert de la L∴, grade de E∴ M∴ P∴. — Administrateur élu des Hospices de Nevers en 1775.

En 1788, Béguin prend part, en sa qualité d'officier municipal de la ville de Nevers à une délibération prise pour faire connaître au gouvernement les vœux de la ville relativement à la convocation et à la constitution des Etats généraux(1).

En 1791, Béguin figure sur l'almanach de Nevers, p. 54, comme « entrepreneur des ouvrages d'utilité publique. En l'an II, il est dit « architecte »(2).

Il fut détenu comme suspect, jugé par l'Assemblée populaire et relaxé sous le n° 34, avec le motif ci-après :

______

(1) Labot, p. 170.
(2) N. Pointe, p. 77.

« A. Béguin. — L'Assemblée consultée sur la conduite
« d'Antoine Béguin, elle a déclaré qu'il s'étoit assez bien
« comporté depuis la révolution ; qu'il a donné ses
« talents et son temps gratis pour le soutien de la
« révolution. »

.·.

Etienne-François comte de BERTHIER, figure sur tous
les tableaux de la L.·. ; en 1776, comme trésorier et
M.·. P.·. ; en 1778, comme 1er surv.·. ; en 1784, il figure
sur la liste avec les indications suivantes, que l'on
trouvait d'ailleurs déjà en 1776 . « Le comte de Berthier,
« ancien mousquetaire noir, A.·. E.·. ». Sa signature
figure dans les fac-similé ; elle a été prise sur le tableau
de 1780.

Dans l'ouvrage de Labot, on le trouve ainsi désigné, à
la page 282 : « Etienne-François, comte de *Berthier-Bizy*,
« chevalier, seigneur de Bizy, des Fougis et autres. »

Nous devons une mention spéciale à sa femme, notre
s.·. Rose, comtesse de Berthier, qui, ainsi que nous
l'avons dit, figure au nombre des trois franc-maçonnes
portées au tableau de La Loge d'Adoption. Elle tenait le
rôle de « sœur première ».

Le comte de Berthier-Bizy assista aux Assemblées de
la Noblesse, à Nevers et à Saint-Pierre-le-Moûtier, en
mars et juillet 1789.

Le 20 septembre 1792, Etienne François Berthier-Bizy,
demeurant à Nevers, offre de conduire et de mesurer sur
les greniers de la maison commune tous les lundis de
chaque semaine le froment à raison de 4 l. 5 s. le
boisseau ; le seigle à raison de 3 l. 10 s. ; l'orge à raison
de 50 sous, à la charge par la municipalité de payer
comptant. (P. Méunier, t. ... p. 73.)

Son nom ne figure pas sur les listes des émigrés ; il
existe d'ailleurs aux archives départementales, dans le
dossier Babaud de la Chaussade, la preuve que le

« citoyen Etienne-François Berthier-Bizy » et la
« citoyenne Louise-Roze Babaud La Chaussade, son
épouse », n'étaient pas émigrés en 1793.

(Il y a cependant un Berthier des Fougis qui fut
déclaré émigré par arrêté du département de l'Allier en
date du 2 août 1792. Mais il n'y a pas identité de
personnes.)

.·.

Boizeau de Ville ou Deville, négociant, figure sur le
tableau de 1778, comme secrétaire. L'adresse de la loge
est chez lui : « M. Abel de Moloch, chez M. Deville,
« négociant, à Nevers. »

Il est très.·. en 1784 ; l'adresse de la L.·. est toujours
chez lui.

En 1790, Boizeau de Ville est procureur de la
Commune. — (Almanach de 1790-1791, page 27.)

Cette situation dut attirer des inimitiés. Ayant été
arrêté comme suspect, il n'eut pas, comme ses FF.·., le
bonheur d'entendre le peuple faire sa louange et il ne
fut point relaxé.

Voici la note de Noël Pointe, p. 69 :

« Boiseau-Deville. — L'Assemblée consultée sur la conduite
« de Boiseau-Deville, plusieurs citoyens ont rapporté que c'étoit
« un homme immoral, très méchant ; qui avoit fait soulever le
« peuple contre les autorités constituées ; et que pendant qu'il
« étoit procureur de la commune, il avoit vexé les patriotes et
« agi en despote ; qu'il avoit en outre persécuté un malheureux
« qui lui devoit 1500 livres pour la marchandise qu'il avoit
« achetée de lui ; ce qui l'avoit tellement réduit à la misère, que
« le représentant du peuple, Noël Pointe, a été obligé de lui
« accorder une somme de 1200 livres par forme de secours ; et
« qu'à une époque très reculée, il laissa tomber sa manufacture ;
« ce qui réduisit une quantité d'ouvriers à la misère. »

.·.

Debonnaire, garde-marteau des Eaux et Forêts de la
maîtrise royale du Nivernois, figure au tableau de 1784.

DE CHAMPS DU CREUZET, figure pour la première fois en 1778; il est or∴ de la L∴; sur le tableau de 1784, il est indiqué comme ancien officier au Régiment de Normandie, infanterie. — M∴

Dans Labot, p. 281, nous trouvons les désignations suivantes : « Amable-Charles de Champs, chevalier, « seigneur du Creuzet et autres. »

Il fut maire de Nevers en 1790.

Arrêté comme ci-devant, il comparut devant le tribunal révolutionnaire et relaxé sous le n° 20.

Il était accusé de ne pas avoir, comme maire, fait partir un certain Maisonfort venu pour recruter pour l'émigration.

.... « il a cependant été rapporté à son avantage que la « commune de Nevers lui avoit beaucoup d'obligation pour les « subsistances et qu'il avoit rempli ses fonctions de maire avec « beaucoup de probité et de patriotisme, qu'il a fait plusieurs « fois et prononcé des discours très énergiques en faveur de la « révolution; et que le bruit avoit couru pendant un temps chez « les aristocrates que les émigrés lui avoient adressé une « quenouille. » (N. Pointe, p. 77.)

Le 12 fructidor, an II (2 septembre 1894), le Conseil Général de la commune de Nevers, lui délivre, dans des termes élogieux, une attestation des services rendus à la commune alors qu'il était maire et lorsqu'il était à la tête du bureau des subsistances. — Dans le conseil figuraient les ff∴ ci-après : Flamen (maire), Denis, Boizeau, Bergeron, et un futur f∴, Mérijot, initié sous l'empire.

Ce témoignage public de l'administration intègre et dévouée du f∴ De Champs, démontre combien les attaques des cléricaux contre les francs-maçons, à qui ils attribuent tous les excès de la Révolution, sont mensongères et calomnieuses.

Le f∴ De Champs s'occupa plus tard très activement de l'École Centrale de Nevers.

Cezerov, lieutenant au Régiment Royal Piémont, cavalerie, M.·., figure sur le tableau de 1784 ; devait être officier dans un régiment de Nevers, et, comme tel, n'a dû être que quelques années habitant du pays.

·.·

Pierre de la Chaussade de Villemenant, né à Paris, le 21 décembre 1752, officier de cavalerie, figure sur les tableaux de 1776, fut député de la L.·. en 1776.

En 1784, il figure dans les ff.·. absents comme « Enseigne des Cent-Suisses de la garde du Roi. » — M.·.

A appartenu également à la L.·. des Neuf Sœurs, à Paris. N'a pas émigré ; mais une dénonciation tendant à le faire croire émigré fit séquestrer les biens de son père décédé à cette époque ; ce fut pour lui l'origine d'un procès auquel fut mêlé Berthier-Bizy et qui ne prit fin qu'en 1818.

·.·

François Colas, désigné simplement comme habitant de Nevers.

Rien de particulier à son sujet.

·.·

De Chastenet de Puységur, figure au tableau de 1784 dans les ff.·. absents, comme sous-lieutenant au régiment d'Artois, cavalerie, M.·.

Dans Labot, page 443, on trouve un marquis de Puységur, seigneur de Garchy. Y a-t-il identité ??

Chastenet-Puységur et sa femme furent déclarés émigrés par arrêté du département de Paris en date du 3 nivôse an II.

·.·

Du Coëtlosquet, Capitaine de cavalerie, M.·., figure sur le tableau de 1784 dans les ff.·. absents.

On trouve deux émigrés de ce nom, l'un déclaré par arrêté du département de la Moselle en date du 4 octobre 1792; l'autre par arrêté du département de Paris en date du 8 août 1792.

..

DE COLONS, avocat au Parlement, subdélégué, M.˙., Administrateur élu des Hospices de Nevers en 1777, figure au tableau de 1784, a été maire de Nevers. Incarcéré, il fut relaxé, sous le n° 84, avec cette mention :

« P. DECOLONS. — L'assemblée consultée sur la conduite de « Claude-Pierre Decolons, plusieurs citoyens ont rapporté qu'il « étoit neutre en révolution. »

..

DESNOYERS, maître particulier de la Maîtrise royale des eaux et forêts du Nivernois.

Maître des Cérémonies, M.˙., sur le tableau de 1784.

Député élu par le Tiers-Etat, à l'Assemblée générale des Trois Ordres, à Nevers, le 14 mars 1789 avec le nommé Desnoyers de Sully, conseiller du Roy, Maître particulier de la Maîtrise royale des eaux et forêts. — (Labot, p. 293.)

Sur les almanachs de Nevers, de 1789 et de 1791, il est porté comme étant toujours « maître particulier »

Incarcéré, il fut relaxé sous le n° 75.

« J.-C. DESNOYERS. — L'assemblée consultée sur la conduite « de Jean-Charles Desnoyers, plusieurs citoyens ont rapporté « qu'il avoit toujours fait son service dans la garde nationale; « qu'ils l'avoient toujours connu dans les principes de la « révolution, qu'il avoit acheté des biens nationaux, et que pour « les payer, il avoit retiré des fonds qui étoient placés, et qu'il « avoit montré de la satisfaction lors de la destruction de la « noblesse et du clergé. »

C'est le F.˙. Desnoyers qui, lors de la mise en sommeil de la L.˙. La Colombe, avait offert de retirer « en un endroit secret et sûr » tout ce qui appartenait à la L.˙.

..

DEVAUX-DUFRANC, inspecteur des Turcies et Levées, figure sur le tableau de 1784.

Dollaire, ou Doleir. Sur le 1ᵉʳ tableau de 1776, Dollaire indiqué comme géomètre; sur le 2ᵉ, on lit : Sigismond-Henri Doleir, commissaire des droits seigneuriaux, maître-fondateur, *terrible*, habitant Nevers.

Ne figure plus sur le tableau de 1784.

Ferrand de la Forest. Conseiller du Roi, élu en l'élection de Nevers. Figure sur le tableau de 1784, comme hosp.∴ E.∴

Flamen d'Assigny, Capitaine au corps royal du génie, R.∴ C.∴, Vén.∴ en 1776.

Sur une demande de certificat, il figure sous les noms de Gilbert Flamen d'Assigny, « *prince d'Hérédom* », né à Nevers, le 18 février 1743.

1ᵉʳ vénérable de la Loge, au moment de l'installation; il est encore dans les ff.∴ présents, sur le tableau de 1784.

Jean-Baptiste Flamen, avocat au Parlement, maître des comptes du duché de Nevers, substitut du Vén.∴ dès l'installation de la L.∴

En 1784, il est auditeur à la Cour des comptes et remplit à la L.∴ les fonctions de 1ᵉʳ surveillant.

Un Flamen fut maire de Nevers pendant la Convention.

Gascoing de la Charnaye, ancien gendarme de la Garde du Roi, M.∴ Figure sur le tableau de 1784.

Un Gilbert Gascoing de Villecourt de la Charnaye, président, trésorier de France au bureau des Finances de Moulins, fut accusé, en 1790, d'avoir prévariqué dans sa charge d'officier public, ayant vendu, à des prix différents de ceux qui étaient convenus, les blés de la ville de Nevers, dont il avait la gestion, en qualité d'administrateur provisoire, à la dite ville ; il fut condamné par le bailliage de Nevers, mais gracié par Louis XVI. (*Archives de Nevers*, série FF., p. 9.)

GAYAUT DE MAUBRANCHES, Capitaine de dragons. Figure sur le tableau de 1781. Vénérable en 1782.

Député à l'Assemblée de la Noblesse, à Nevers, sous les noms d'Etienne-Jean *Gayault*, chevalier seigneur baron de Maubranches, capitaine de dragons, lieutenant des maréchaux de France. (Labot, p. 283, 339.)

Il fut élu à l'unanimité secrétaire de l'assemblée et fit partie de la commission chargée de rédiger les « cahiers » de la noblesse ; il est plus que probable que leur rédaction fut en grande partie son œuvre.

Disons à ce propos que sur 94 membres de la noblesse présents à l'assemblée de Nevers, il y avait dix francs-maçons, et que la plupart d'entre eux étaient fondés de pouvoirs des membres absents.

Gayault de Maubranches ne figure pas parmi les émigrés.

GEORGEST, sous-inspecteur des Ponts et Chaussées, figure au tableau de 1784, R∴ C∴

GILLET, garde-marteau des Eaux et Forêts, à la Maîtrise ducale du Nivernois, figure sur le tableau de 1784, M∴, secrétaire de la L∴ en 1789.

DE GIVRY, Chevalier de Saint-Louis, capitaine de cavalerie, compagnon en 1776, ne figure pas au tableau en 1784.

Présent à l'assemblée de la Noblesse, sous les noms de

Claude-Pierre *Marion* de Givry, écuyer, capitaine de cavalerie, chevalier de Saint-Louis (Labot, p. 278).

Aurait été émigré, d'après M. P. Meunier, t. I, p. 59.

. ·.

HOUET, valet de chambre du comte Berthier, appr.·. en 1776.

. ·.

LAPORTE, concierge de la L.·., Appr.·. sur le tableau de 1784.

Dans le « tableau des LL.·. de la correspondance », pour l'année 1789, l'adresse de la L.·. est indiquée « chez M. Laporte, maître tailleur, près Saint-Martin ».

. ·.

LOUISE, comtesse DU BOURG, figure sur le tableau annexé à la demande de constitution.

Dans Labot, p. 282, on trouve :

« Louise De Las de Prye, marquise du Bourg, représentée par le comte Berthier aux assemblées de la Noblesse. »

. ·.

L'HERMITTE D'AUBIGNY, lieutenant au corps royal d'artillerie M.·. P.·., sur les tableaux de 1776. Sur le tableau de 1784, il figure sous le nom de Lhermitte d'Aubigny, capitaine au corps royal d'artillerie, R.·. C.·.

. ·.

MARANDAT D'OLIVEAU, avocat au Parlement, Maître des comptes au Duché de Nivernois, or.·. de la L.·. en 1784, M.·., administrateur élu des Hospices de Nevers en 1770, signataire des « Remontrances de la Chambre de Comptes de Nevers », membre de la commission de rédaction des cahiers du Tiers.

Député du Tiers-Etat à l'Assemblée générale des Trois-Ordres, à Nevers, le 14 mars 1789, pour la Ville de Nevers, avec les ff∴ Desnoyers de Sully, De Colons, Frédéric Turgan, de la L∴ La Colombe et les ff∴ Louis Parent de Chassy, Claude Coquille, et peut-être Martin Girard, de la L∴ Les Amis à l'Epreuve, Robert, de la L∴ de Saint-Pierre, vraisemblablement.

Louis Parent de Chassy fut nommé député du Tiers aux Etats-Généraux, au 3e tour de scrutin.

Marandat d'Oliveau au 4e tour, dans la séance du 25 mars, matin.

Robert, au 3e tour de scrutin, dans la séance du même jour, soir (Lab., p. 381).

L'almanach de 1791, page 19, mentionne Marandat d'Oliveau comme député du Tiers.

« Charles Marandat d'Oliveau, né Nevers, le 30 octobre 1742, « avocat, subdélégué à l'intendance de Moulins pour la subdé- « légation de Nevers. Il prêta le serment du Jeu de Paume, « accompagna le roi à Paris le 26 janvier 1789, vota avec la « majorité réformatrice, prit la parole contre les agents du « clergé, et fit partie du comité féodal. Il était maire de la « commune de Mars-sur-Allier quand il mourut le 30 octobre « 1812. » (P. Meunier, t. I, p. XLIII.)

∴

Toussaint Martin, reçu maç∴ à Beaufort en Anjou, Inspecteur des levées et turcies, R∴ C∴, maître des cérémonies en 1776 et 1778, vén∴ en 1780 et 1784, figure sur l'almanach de 1791, page 53, comme inspecteur des levées et turcies.

∴

Louis-Charles Moreau de Bomp, officier au corps royal du génie, figure au tableau de 1776.

∴

Moret, secrétaire de la L∴ en 1783, 1784, entrepreneur des travaux du Roi.

Fit, en 1768, les réparations du pont de Loire. (Archives de Nevers, DD, 10.)

Un Moret fils est membre du bureau de paix à Nevers en 1790. (Alm. de Nevers 1791, p. 29.)

MORIN, aide-concierge de la L∴ en 1784.

CHARLES-PIERRE NORMAND, ingénieur en chef des turcies et levées de Loire, 1er surveillant de la L∴ en 1776, Vén∴ en 1779, Garde des sceaux et timbres en 1784, figure encore comme ingénieur sur l'almanach de 1791.

Le 11 ventôse an III (2 octobre 1794), obtient un certificat de civisme.

DE NUCHÈZE, Lieutenant au régiment de Limosin, 2e surveillant en 1788.

PRÉVOST DE LA CROIX, figure sur les tableaux de 1779; en 1784 est désigné comme capitaine au régiment royal-dragons, M∴.

Dans Labot, p. 283, on trouve :

« Jean-Alexandre, marquis De Prévost De La Croix, chevalier, seigneur de Lamenay et en partie de Ris et autres, capitaine de dragons. »

Émigré. — Déclaré comme tel par arrêtés du département de l'Allier, en date des 2 août 1792 et 14 juin 1793.

Son père, Gaspard-Antoine Prévost, arrêté comme suspect, fut relaxé (n° 21, p. 77, N. Pointe) avec la mention « Plusieurs citoyens ont demandé la parole et ont rapporté qu'il s'étoit toujours prononcé en faveur de la révolution et qu'ils lui avoient entendu dire plusieurs fois que si son fils l'avoit consulté sur son émigration, il lui auroit brûlé la cervelle. »

CHARLES DE PRIZYE, écuyer, maître des Comptes au

duché du Nivernois, reçu maçon à Paris, figure aux tableaux de 1776. Présent en 1784, 2ᵉ surveillant en 1776. R∴ C∴ — Dans Labot, p. 279, il est dénommé ainsi : « Claude-Charles Prizye de La Marche, écuyer, seigneur de Froifond. »

CLAUDE-GASPARD DE PRIZYE DE C.. ZELLE, auditeur à la chambre des comptes, figure aux tableaux de 1776. Reçu maçon à Paris, M∴, secrétaire de la L∴ en 1776.

En 1784, Prisye de Chazelles, Conseiller, maître à la chambre des comptes de Paris, M∴ P∴

Son père paraît être Prizye de Chazelles, maître manufacturier de faïence, mort à Nevers en 1759.

PIERRE PRIZYE(1) Dury (ou Duris), lieutenant au régiment de La Fère, cavalerie, figure aux tableaux de 1776. Présent en 1784, A∴ E∴

PRIZYE DE NIPHOND, lieutenant au Régiment de La Ferre, infanterie, M∴ en 1784.

De Prizye, capitaine au régiment de Bourgogne, cavalerie, figure aux tableaux de 1776, M∴ En 1784, Prizye DE SALÉ, E∴ de P∴

ADÉLAÏDE DE PRUNEVAUX, figure au tableau de la L∴ d'adoption en 1776.

Son mari, François Leroi de Prunevaux, chevalier, seigneur de Nolay, Martangy, Poisson et autres lieux, ancien lieutenant-colonel du Régiment de Royal-Cravate, cavalerie, chevalier de l'Ordre royal et militaire de

___

(1) M. P. Meunier, t. II (page 81), Pierre-Claude-Marie Prizye, officier de cavalerie, aurait été compromis dans la trahison de Dumouriez et a dû être guillotiné à l'armée du Nord.

Saint-Louis, Grand-Bailli d'Epée en Nivernois et Donziois ne paraît pas avoir appartenu à la franc-maçonnerie nivernaise.

⁂

PUJOL DE LA GRAVE, lieutenant-colonel au régiment royal-piémont, en 1780, maréchal de Camp en 1784, vénérable en 1780. R∴ C∴

Emigré suivant arrêté du département du Tarn en date du 15 février 1793.

⁂

RICHARD, conseiller du Roi, élu en l'élection de Nevers. M∴, tableau de 1784.

Noël Pointe, p. 63. — « L. RICHARD. — L'assemblée consultée « sur la conduite de Louis Richard, plusieurs citoyens ont « rapporté qu'il y avoit vingt ans qu'il n'avoit fréquenté son « frère émigré, qu'il n'avoit point favorisé son émigration ; que « c'étoit un excellent cultivateur (?) et qu'il avoit fait beaucoup « de sacrifices pour la révolution ». — Relaxé n° 81, p. 79.

⁂

SALLONNYER d'AVRILLY, désigné sur le 1er tableau sous le simple nom d'Avrilly, ancien mousquetaire, maître-fondateur de la L∴, résidant à Nevers, député de la L∴ en 1776, en 1781, désigné sous le nom de Sallonnyer d'Avrilly.

En 1784, il est, sous le nom de Sallonnyer de Tamnay, Grand Bailli d'Epée au Présidial de Saint-Pierre-le-Moûtier, M∴.

Dans Labot, page 193, il est désigné ainsi : « Jean-Joseph-Pierre *Sallonnyer*, chevalier, seigneur d'Avrilly, Tamenay et autres lieux, ancien mousquetaire de la garde du roi, Bailli d'Epée du Bailliage royal du Nivernois séant à Saint-Pierre-le-Moûtier. »

Il n'était pas en odeur de sainteté auprès de son collègue Leroy de Prunevaux, le grand Bailli ducal du Nivernois et Donziois.

Lors de la convocation des Etats généraux en 1789, il prétendit avoir seul le droit de convocation, le bailliage de Saint-Pierre étant royal, celui de Nevers n'étant que ducal, et il s'empressa de faire dans toute l'étendue du bailliage royal et du bailliage ducal, les convocations et sommations de la noblesse du clergé et du Tiers-Etat, pour comparaître à Saint-Pierre-le-Moûtier le 16 mars 1789. Le bailli de Nevers prenait les mesures nécessaires pour réunir les trois ordres à Nevers le 14 mars. Le duc du Nivernois qui ne voulait pas « être humilié » par les intrigues de l'« ennemi » qu'il avait au Bailliage de Saint-Pierre, réussit à faire annuler les convocations faites par le Bailli de Saint-Pierre, dans le ressort de Nevers, par arrêt du Conseil d'Etat du 2 mars.

Si nous en croyons une lettre confidentielle citée par Labot : « les gentilshommes du ressort témoignaient « beaucoup de répugnance à être présidé par le Grand-« Bailli dont la noblesse est récente et due à l'exercice « d'un office dans le Bureau des finances. » Labot. p. 212.

Sallonnyer fut déclaré émigré par arrêtés du département de la Nièvre des 4 juillet et 2 août 1792.

.·.

Anne-Marie Rapine de Saxi — dit de Saxy l'aîné — officier au corps royal du génie.

Reçu maçon à Mézières ; figure sur le 1ᵉʳ tableau. En 1784, est porté parmi les ff.·. absents. Etait R.·. +.·.

Fut déclaré émigré en 1791 par arrêté du département de la Nièvre en date du 4 juillet 1792.

.·.

François Rapine de Saxy — dit le jeune — officier d'infanterie, reçu maçon à Mézières. Sur le tableau de 1784, figure dans les ff.·. absents sous le nom de Rapine de Pressy, ancien officier au régiment de Limosin, infanterie. Il était R.·. + C.·.

Un « Claude-Louis-François Rapine, chevalier, seigneur « de Sainte-Marie, Saint-Martin et autres » fut assigné en personne pour assister à l'Assemblée de la noblesse en 1789. Y a-t-il identité ?

Parmi les émigrés figure François Rapine.

SIMONET, sous-ingénieur.

DE SOUDEILLES, sur le tableau de 1779, figure avec le titre de comte ; sur celui de 1784 avec celui de marquis.

Brigadier aux Armées du Roi, colonel au régiment de Boufflers-Dragons ; 2ᵉ surveillant de la L∴ La Colombe en 1784. Était R∴ ✝ C∴ Emigré. Déclaré tel par arrêté du département de la Corrèze en date du 21 juin 1792.

TRUITIÉ DE VARREUX, figure pour la 1ʳᵉ fois sur le tableau de 1781. Sur le tableau de 1784, il est parmi les ff∴ absents, avec l'indication « Garde du Corps du Roi », et le grade de maç∴ El∴ de P∴

Dans Labot, page 283, on trouve :

« Jean-Baptiste Truitié de Varreux, chevalier, seigneur de « Villecourt, Montceaux, Mirebeau et autres, lieutenant *de* Roi « de la province de Nivernois, tant en son nom que comme « chargé du pouvoir de François Sallonnyer de Montviel, « chevalier, seigneur de Chapeau. » Emigré. — (P. Meunier, t. I., p. 63).

TURGAN — dit l'aîné — Figure sur le dernier tableau et a signé la lettre par laquelle la L∴ La Colombe annonce au G∴ O∴ sa mise en sommeil. Dernier vén∴

Avocat au Parlement ; Député élu à l'Assemblée du Tiers-État par la paroisse de Coulanges ; membre de la commission chargée de la rédaction des cahiers du Tiers. (Labot, p. 375).

Les Vermé, officier de la Maîtrise des Eaux et Forêts.
Comp. en 1776; ne figure plus sur le tableau de 1784;
administrateur élu des Hospices de Nevers, 1779.

.˙.

Chevalier de Verthamon, capitaine au Régiment Royal-
Piémont, cavalerie, figure sur le tableau de 1784, E.˙.

Deux Verthamon, officiers de cavalerie, figurent au
nombre des Émigrés, l'un, par arrêté du département
de Metz en date du 17 décembre 1792; l'autre, par arrêté
du département d'Agen, en date des 6 juin et 7 juillet 1793.

II

LES AMIS A L'ÉPREUVE

1777-1788

La L∴ « Les Amis à l'Epreuve » fut fondée à Nevers, le 3 août 1777.

Je n'ai pu jusqu'ici retrouver au G∴ O∴ les archives de cette L∴, dont l'existence, antérieurement à 1804, n'est connue que par des documents des LL∴ de Saint-Pierre et de La Charité et par l'annuaire du G∴ O∴.

Dans le dossier de la L∴ Sainte-Cécile (1787), or∴ de La Charité, il est fait mention d'une lettre « des Amis à l'Epreuve », donnant un avis favorable à la constitution de la L∴; cette lettre est signée du Vén∴ (signature illisible) du 1er surveillant Rodrigues Duplessis, de L. Thibault (probablement 2e surveillant, et de l'or∴ Gobillot. Ce sont d'ailleurs les seuls noms que nous puissions indiquer.

Sur une pièce du dossier de la L∴ de St-Pierre (1783), on trouve comme adresse de la L∴ M. Saumaise de Velpré [1], chez M. Regnault, marchand et tailleur. (Le G∴ O∴ donnait cette adresse au f∴ Sautereau de Bellevaux, pour permettre de demander à la L∴ Les Amis à l'Epreuve de fournir des renseignements sur les ff∴ de Saint-Pierre.)

La L∴, d'après l'annuaire de 1789, est en sommeil. En 1804, elle a repris son activité et fut très prospère pendant tout le premier empire.

Voici les noms que nous trouvons, à la reprise,

---

[1] Anagramme de « Des Amis à l'Epreuve ».

pendant l'année 1804 (non compris les ff∴ admis cette année).

Avril (père), Avril (fils), Bachelier, Baille-Valère, Baille le Jeune, Barré la Genissière, Bergeron, Berthet(1), Boiron, Bontemps, Bré, Bureau, Callot, Cartellier, Carteron, Caumois(1), Charbonnier, Charnet, Chaumery, Chevallier la Genissière, Chevallier Guillaume, Chouet père, Chouet fils, Cleuzet, Coquille, Denis, Desbrées, Dubois, Duplessis, Duris, Fondrouge, Gandois, Garrot, Gascoing, Girard (2 de ce nom), Gobillot, Gourjon-Pouteau, Guinot, Guiochin, Guizony, Guyon (3 de ce nom), Hamentot, L'Espinasse (2), Malot, Marchand (1), Martenot (père et fils), Minier, Moreau, Nettement, Nicolas, Page, Parent-Chassy, Parent-Laloge, Paupert, Petit, Robert, Rossin, Rouen, Seigneur, Taillandier, Valentin.

En ajoutant à ces noms, les suivants relevés sur le 1er tableau de la L∴, *Adam Billaud* (1801), nous aurons à peu près complet le personnel maçonnique d'avant 1789.

Le Gindre dit Grillot (ex-vén∴ des Amis à l'Épreuve) Renault, Vautey, Pillet, Duverne, Balonneau, Roudéron, Bompois, Lefaure, Dumousseaux, Bareau.

Nous pouvons dire dès maintenant que la plupart des ff∴ jouèrent un rôle important au cours des événements révolutionnaires.

---

(1) Frères figurant sur le 1er tableau de la L∴ *Adam Billaud;* ils ont dû démissionner de cette L∴ à la reprise *des Amis à l'Épreuve.*

(2) Frères semblant avoir appartenu à la L∴ de Saint-Pierre.

LA CHARITÉ-SUR-LOIRE

SAINTE-CÉCILE

1781-1789

La 1re L.˙. fondée à La Charité-sur-Loire le fut en 1781, sous le titre distinctif de *Sainte-Cécile*.

La demande de constitution est du 20e jour du 4e m. de l'an de la V.˙. L.˙. 5781.

Le tableau de la L.˙. provisoire indique les ff.˙. ci-après :

Pierre-Joseph Vacheron, Prêtre bénédictin. Vén.˙.

Louis-Joseph Binet, avocat au Parlement. 1er surveillant.

Lallemand (né à Nevers), maître en pharmacie. 2e surveillant.

Secrétin, directeur des Aides. Orat.˙.

Berger de Montigny. Trésorier.

Bouret de Nogent, écuyer. Garde des sceaux.

Vuillard, bénédictin, maître des cérémonies.

Guesde, avocat au Parlement.

Périnet, curé d'Argenvières (1).

Mouton, bénédictin.

Charlemagne, bénédictin.

Butet, maître de forges.

Balaizot, prieur à Chalivois, ordre des Cîteaux.

A l'appui de leur demande, les ff.˙. de La Charité joignaient une lettre de la L.˙. Les Amis à l'Epreuve, or.˙. de Nevers, signé du Vénér.˙. (signature illisible), et des f.˙. Rodrigues Duplessis, 1er surveillant, Gobillot,

---

(1) Juge de paix à Sancergues (1807).

or.·. et L. Thibaut, et une autre de la L.·. La Colombe, or.·. de Nevers également, donnant des avis favorables pour l'ouverture de la L.·. projetée.

A la demande de constitution était joint également le règlement particulier de la L.·. Je relève dans ce réglement, entre autres choses, qu'un candidat pour être admis devait obtenir l'*unanimité* des votants. La L.·. fixait son « don gratuit », c'est-à-dire sa contribution dans les dépenses du G.·. O.·., à 72 livres. (Celui de « La Colombe » n'était, on s'en souvient, que de 48 livres). Les retardataires et les manquants aux tenues étaient passibles d'une amende. La L.·. devait avoir 4 banquets fixes par an.

L'installation eut lieu le 22e jour du 9e mois 5781.

La L.·. La Colombe y avait une délégation ; l'autre L.·. s'excusa de n'avoir pas envoyé de délégués. La 1re d'ailleurs était déléguée par le G.·. O.·. (Lettre en date du 17e jour du 7e mois 5781), pour procéder à l'installation.

La correspondance de la L.·. avec le G.·. O.·. ne m'a pas paru renfermer des choses bien intéressantes. Je relève en 1784, une demande de certificats pour les ff.·. Edme-Paul Bernard de Rolland, chevallier d'Arbourse et Pierre-Henry-Ferdinand Comte de Chary.

Sur le tableau de 1786, je relève :

Pierre-François Couët.
Delahaye, receveur des finances.
Berger de Montigny, président de l'Election.
Baron d'Avignot, officier de la Colonelle générale (??)

Sur celui de 1787 :

Rameau de Saint-Père, bourgeois à Cosne.
Jean-Baptiste Comte de Pestre (résidant à Bruxelles, âgé de 26 ans).

Le dernier tableau, du 28ᵉ jour du 10ᵉ mois 5788, donne les noms suivants :

Jean Binet, maître de forges, Vén∴

Pierre Beaufils de Saint-Vincent, maître de forges, 1ᵉʳ surv∴

Jean-Baptiste Dreux, maître de forges, 2ᵉ surv∴

Louis-Joseph Binet, avocat, or∴

Henry Leroyer, bourgeois, sec∴

Claude-Robert Jousselin, notaire, trés∴

Claude-Oger Jocteau, négociant, m∴ des cér∴

Jean-Pierre Gayetta, sculpteur, arch∴

Jean-Elisabeth Périnet, Prieur d'Argenvières, 1ᵉʳ exp∴

Claude-François-Gaspard Balaiseau, Prieur de Chalivay, 2ᵉ exp∴

Gilbert, secrétaire, ancien directeur des aides.

Pierre-François Lerasle, avocat au Parlement.

Pierre-Bernard de Berniol, chanoine de Nevers.

Edme-Paul-Bernard de Roland, chevalier d'Arbourse.

Pierre-Henry Ferdinand, comte de Chary.

Antoine-François Dubois des Cours Maisonfort, marquis, officier de dragons.

La loge se met en sommeil en 1789 ; elle comprenait 17 membres. Son Vén∴ était le f∴ Nerat, receveur des Gabelles ; l'adresse de la L∴ était : « A M. Cicée de Santeli (1), chez M. Lallemand, maître en pharmacie ». Son député était le f∴ Le Râtle, Procureur au Parlement, rue Ticquetonne.

Son sommeil devait durer jusqu'en 1807. (Demande de reprise en date du 15ᵉ jour du 6ᵉ mois 5807) (2).

Il est bien regrettable que nous ne puissions pas

---

(1) Anagramme de Sainte-Cécile.

(2) On retrouvera à ce moment les noms suivants : Binet (V∴), Beaufils (1ᵉʳ surv∴), Nérat (2ᵉ surv∴), Grassot (or∴). Turquet (secr∴), Moisy (trés∴), Provost (m∴ des cér∴). Mérigot (hosp∴), Marfol (serv∴).

compléter ces renseignement par l'étude des Livres
d'architecture, qui à La Charité devaient être particulièrement intéressants; la franc-maç∴ implantée,
sous l'égide des moines — catholiques — dans l'ancienne
place de sûreté des protestants, dut y prêcher, d'une
façon toute particulière, la tolérance et la concorde entre
les membres des deux religions rivales.

Puisse le hasard nous placer sur la trace de ces
registres et nous mettre à même d'apprécier plus
amplement la conduite de nos ff∴ religieux qui ne
craignaient pas de pratiquer les enseignements de notre
ordre, malgré les édits de persécution de l'autorité
royale, et surtout malgré les bulles d'excommunication
des papes contre la franc-maç∴

SAINT-PIERRE-LE-MOUTIER

SAINT-PIERRE-ÈS-LIENS

1783-1788

La Franc-Maç∴, installée à Nevers en 1776, apparaît à Saint-Pierre-le-Moutier en 1783.

Le t∴ c∴ f∴ Sautereau de Bellevaud, avocat à Saint-Pierre, membre de la L∴ Saint-Michel de la Paix, à Clermont-Ferrand, écrit le 17 janvier 1783 au G∴ O∴ de France; demande des instructions pour élever une L∴ à Saint-Pierre sous le titre distinctif de « Saint-Pierre-ès-liens ».

Le dossier de la demande renferme les pièces suivantes :

1º Une lettre de la L∴ La Colombe, à l'or∴ de Nevers à *Monsieur* Bellevaud pour lui donner des renseignements. La L∴ ne peut certifier la qualité maç∴ des ff∴ portés sur la liste, que conformément aux instructions du G∴ O∴, le f∴ Sautereau de Bellevaud avait adressé à la L∴ La Colombe.

2º Une lettre de la L∴ provisoire demandant ses constitutions. Il est fait mention dans cette lettre des 2 loges existant à Nevers, La Colombe et les Amis à l'Epreuve. Celle-ci a accueilli avec plaisir la fondation de la nouvelle Loge; mais La Colombe « dont le nom « nous promettait tant de douceur, disent amèrement « les ff∴ de Saint-Pierre, s'est jouée de notre impatience « avec une dureté dont il nous est impossible de « pénétrer le motif » et au lieu d'encourager la fondation de la nouvelle Loge, elle semble plutôt avoir voulu la retarder en ne certifiant pas la qualité maç∴ des ff∴ demandeurs.

3º Le tableau de ces ff∴

Joseph-Etienne BALNAY, contrôleur des aides.
Guillaume BÉNARD, procureur au Bailliage.
Jⁿ Daniel CONVERT, commis féodiste.
C. Jacques de BOSREDON, chevalier.
François de LESPINASSE, bourgeois.
Gilbert-Eloy DONNET, chirurgien.
Jean-Léonard LAPRAT, commis aux aides.
M. Charles LIGNIER, procureur au Présidial.
J.-M.-Rodolphe MAYOR, commis féodiste.
F. Laurent MIED, bourgeois.
Jⁿ Abraham PLACE, commis féodiste.
Jⁿ Frédéric PORTA, arpenteur-géomètre.
Pre Hospin SANTON, lieutenant de cavalerie.
Jⁿ SAUTEREAU, avocat au Parlement.
Dominique PRELONIA, arpenteur-géomètre.
Pierre NOLOT, servant.

L'installation de la L∴ eut lieu le 13ᵉ jour du 11ᵉ mois de l'an 5783. (13 janv. 1784).

Les procès-verbaux d'installation mentionnent que celle-ci fut faite par la L∴ L'Espérance, de Moulins.

La L∴ La Colombe, la plus ancienne de la région dut décliner l'honneur de procéder à cette installation ; la L∴ Les Amis à l'Epreuve, n'en fut pas chargée, sans doute parce qu'elle était de fondation plus récente que celle de Moulins.

Ils renferment la promesse solennelle du Vénérable, le f∴ Sautereau et un tableau des ff∴ présents. Parmi ceux-ci je relève le f∴ Dom Pierre Benoît Pagès, religieux profès de l'ordre de Cluny.

Ils renferment également l'esquisse du discours prononcé par le f∴ Sautereau, Vénérable et celle du f∴

Soloniac, 1ᵉʳ surveillant. (Son nom ne figure pas au tableau provisoire).

De la 1ʳᵉ j'ai extrait quelques lignes.

Le f∴ Sautereau s'adresse aux ff∴ de Moulins chargés d'inaugurer la L∴ :

« Quand l'art royal seroit encore exposé aux persécutions que
« l'ignorance et le fanatisme lui ont trop longtemps suscitées,
« nous nous applaudirions d'être initiés à ses mystères. parce
« que la pureté de ses principes, l'honneur des citoyens qui le
« cultivent et le témoignage de notre conscience nous rassureroit
« contre les vaines clameurs du vulgaire, les éclats d'un zèle
« aveugle et les erreurs de l'hautorité ; quelle douce satisfaction
« ne devons-nous donc pas éprouver en ces jours heureux ou
« non seulement il nous est permis de nous livrer en paix à nos
« travaux mais où nous voyons un Prince dont l'origine se
« confond avec celle de nos Rois s'honorer du titre de Grand
« Maître de l'Ordre de la Maçonnerie dont il est le modèle et
« par ses lumières et par ses vertus. Si quelque chose pouvoit
« ajouter à notre yvresse en ce moment où tout semble se réunir
« pour combler nos désirs, ce seroit le choix que le G∴ O∴
« de France a fait de votre R∴ L∴ pour consacrer ce temple.
« Le bon goût, l'aménité, un attrait, un talent particulier pour
« tout ce qui est capable de rendre la société plus agréable est,
« en quelque sorte, le caractère distinctif des habitants de
« Moulins et c'est l'élite de ces habitants qui composent
« votre R∴ L∴ »

La correspondance de la L∴ avec le G∴ O∴ ne m'a pas paru renfermer des choses bien intéressantes.

Sur le tableau de 1785, je relève les noms suivants :

Laurent-Claude ALADANE DE PARAISE, trésorier de France à la généralité de Moulins.

BLANC, féodiste.

Jean-Alban DELAVAUX, avocat.

Jean-Claude DELAVILLE, avocat (ancien) (1).

Nicolas de la MARCHE, avocat.

---

(1) Chevalier profès de l'Ordre du Christ.

François-Théodore Dubois, professeur de musique.
Talbotier et Noblot, servants de la L∴

Sur le tableau de 1786 :

Bénard (vén∴).
Charles-Jacques-Philippe de Bosredons, 1er surv∴
François-Pierre de Bosredons, m∴ des cér∴
Jean-Léonard Perrin [1] ; François Delespinasse.
Sur le tableau de 1788, je relève les noms suivants :
Louis-Alexandre Andrault Langeron (comte de
    Langeron), vénérable.
Jean-Baptiste-François de Clermont d'Amboise, maré-
    chal des camps, né à Paris.
Philippe-Auguste de La Cour, marquis de Balleray.
Etienne-Charles de Damas, mestre de camp, né à
    Crux-en-Nivernois.

Voici d'ailleurs le tableau en entier :

Andrault, Aladane, Mayor, Sautereau, Perrin, Bénard,
de Bosredont, Lapra, de Lespinasse, Donet, de Bosredont,
Miez [2], de Clermont, de la Cour marquis de Balleray,
Denon [3], de la Marche, de Damas, Dubois, Delaville.

A ajouter à ce tableau, le f∴ Lefiot, avocat, initié
après l'établissement du tableau.

J'ai pu consulter également la correspondance du
chapitre touché sur la L∴ de Saint-Pierre. Elle est
d'ailleurs insignifiante. Je n'ai relevé, par curiosité, que
le titre d'un tableau des membres :

« Rolle des ttt∴ RRR∴ & PPP∴ FFF∴ CCC∴ du
« Souverain chapitre, le 9e jour du 2e mois de la mort du
« Sauveur 5752 (5785 de l'an de la V∴ L∴)

        « T∴ S∴, le F∴ Sautereau de Bellevaux ».

---

[1] Officier au grenier à sel.
[2] Féodiste et receveur du comte de Langeron.
[3] Gentilhomme ordinaire du roy, capitaine d'infanterie.

Sur l'annuaire de 1789, la L∴ de Saint-Pierre-ès-liens figure comme étant en activité. J'ai tout lieu de supposer cependant qu'elle était déjà en sommeil. Son adresse était : « A M. Perfaneti de Liserines (anagramme de « Saint-Pierre-ès-liens), chez M. Sautereau de Bellevaux, « avocat au Parlement »; son vénérable était toujours le t∴ ch∴ f∴ Andrault, comte de Langeron, baron de La Ferté et Cougny, mestre de camp en second au régiment de Médoc, infanterie.

Son député au G∴ O∴ était le f∴ Delaville, Chevalier profès de l'Ordre du Christ, Docteur ès-droits, de la faculté de Paris, rue des Poitevins, Hôtel de Mesgrigny, off∴ du G∴ O∴.

Je dis qu'il y a tout lieu de supposer que la L∴ était déjà sommeil en 1789; les autres L∴ du Nivernois avaient déjà cessé leurs travaux et il est probable que celle de Saint-Pierre-le-Moûtier, dans les circonstances plutôt difficiles que traversait le pays, se trouva dans l'obligation de suspendre son activité. En France, d'ailleurs, la plupart des LL∴ ne tardèrent pas à tomber en sommeil.

Mais les ff∴ mac∴ de Saint Pierre, s'ils fermèrent leur temple, prirent une part sérieuse à la Révolution ; deux d'entre eux, les ff∴ Alban Leffot et Sautereau de Bellevaux, furent députés à la Convention. Nous retrouverons le premier plus tard à Nevers, à la L∴ Les Amis à l'Épreuve, dont il fut or∴ et vén∴.

NOTICE SUR QUELQUES FF∴

Louis-Alexandre ANDRAULT, comte de Langeron (né à Paris en 1763), vénérable de la L∴ en 1785.

Dans Labot (p. 285) est désigné sous les noms suivants :

« Louis-Alexandre Andrault, comte de Langeron, colonel « attaché au régiment d'Armagnac, seigneur de Langeron et « autres en Nivernois » ; baron de Cougny et seigneur de Livry en partie (p. 411).

Le comte de Langeron avait fait la campagne d'Amérique, d'où il rapporta sans doute ses idées libérales maçonniques.

Il fut secrétaire de l'ordre de la noblesse de l'Assemblée de Saint-Pierre-le-Moûtier (1).

Dans les premiers jours de 1790, il demanda au Président de l'Assemblée constituante, un passeport pour se rendre à l'étranger ; le 28 février 1790, avant son départ, il prêta, à Saint-Pierre-le-Moûtier, le serment civique jurant *d'être fidèle à la nation, à la loi et au roi et de maintenir de tout son pouvoir la constitution.*

Son absence prolongée eut pour effet de le faire considérer comme émigré ; il protesta et produisit des lettres où ses anciens ff∴ de Saint-Pierre faisaient l'éloge

---

(1) Une légende tend à faire croire que lors de l'Assemblée des Trois-Ordres, à Saint-Pierre-le-Moûtier, le comte de Langeron, ayant eu un différend avec l'évêque de Nevers, M. de Seguirand, se serait battu en duel avec celui-ci et l'aurait mortellement blessé. Les bons rapports entretenus par la chambre de la Noblesse avec le Tiers-État et les regrets exprimés par elle, sur la proposition du comte de Langeron, de la rupture survenue entre le Clergé et le Tiers-État, ont pu amener à une altercation entre M. de Séguiran et M. de Langeron ; mais rien ne prouve qu'un duel s'ensuivit ; Labot parle d'une maladie grave qui empêcha l'Évêque de siéger même à Nevers (p. 421), mais ne fait nullement allusion à un duel ; tout porte à croire que celui-ci aurait été connu et aurait fait l'objet d'observations dans les chambres de la noblesse et du clergé.

de son civisme. Le « 2 may 1792 » le Directoire du district de Saint-Pierre examina une pétition de M. Louis Alexandre Andrault, protestant contre la qualification d'émigré, demandait à ce que ses biens ne fussent pas mis sous séquestre ; le District émit l'avis que le pétitionnaire ayant quitté le royaume « en un temps où « les émigrés ne faisoient point de préparatifs hostiles » et simplement « pour se perfectionner dans l'art de la guerre » après avoir prêté son serment civique, parait être dans l'une des exceptions de l'art. 6 de la loi du 8 avril 1792 et décida de transmettre la pétition, avec l'avis ci-dessus au Directoire du département, et charge néanmoins son procureur-syndic (le f.·. Lefiol) de prévenir le préposé de M. Andrault d'informer celui-ci qu'il devra rentrer en France le plus tôt possible pour se mettre en règle avec la loi.

Le 9 juin 1792, M. Andrault ne s'étant pas soumis, fut déclaré émigré par arrêté du département ; ses biens mis sous séquestre furent vendus en partie. Le comte de Langeron avait pris du service en Russie ; il y devint rapidement général, fit les campagnes contre la France, malgré son serment ; il devint plus tard gouverneur de la Crimée.

Il revint en France « dans les fourgons de l'étranger » et réclama sa part dans le milliard des émigrés ; il reçut comme indemnité, en 1826, la modeste somme de 709.803 fr. 12, montant de la vente de ses biens. Il mourut en 1831.

Joseph-Étienne BALNAY, contrôleur des aides, membre fondateur de la L.·.

Guillaume BÉNARD, procureur au Bailliage, membre fondateur de la L.·.

Secrétaire du Directoire du district de Saint-Pierre en 1791.

C. Jacques DE BOSREDON, chevalier, membre fondateur de la L∴

Dans Labot, p. 450 et 452, le chevalier de Bosredon est dit « de la Charetière ».

Un *Boredon* est administrateur du district de Saint-Pierre en 1791.

Jean-Baptiste-François DE CLERMONT d'Amboise, maréchal des Camps, figure sur le tableau de 1788, déclaré émigré par arrêt du 29 août 1792, Paris.

Jean-Daniel CONVERT, commis féodiste, membre fondateur de la L∴

Philippe-Auguste DE LA COUR, marquis de Balleray, figure au tableau de 1788.

Etienne-Charles DE DAMAS, chevalier, mestre du camp (né à Crux-en-Nivernois), figure sur le tableau de 1788.

Dans Labot, page 441, on trouve :

« Très haut et très puissant seigneur Etienne-Charles Damas
« de Crux, chevalier de l'ordre royal et militaire de Saint-Louis,
« colonel du régiment de Vesin. »

Fut administrateur du district de Nevers en 1790 et président du Directoire de l'Administration du district en 1791.

Fut déclaré émigré par arrêté du département de la

Nièvre en date du 23 juin 1792. Aurait commandé un corps d'infanterie à Quiberon (1795).

✹

Gilbert-Eloy DONNET, chirurgien, membre fondateur de la L∴; fut premier échevin de la ville de Saint-Pierre-le-Moûtier. (Labot, p. 172).

✹

Jean-Léonard LAPRAT, commis aux aides, membre fondateur de la L∴; secrétaire de l'Assemblée des Trois-Ordres, à Saint-Pierre-le-Moûtier.

✹

Jean-Alban LEFIOT, avocat à Saint-Pierre-le-Moûtier : procureur syndic du district de Saint-Pierre-le-Moûtier et comme tel fut chargé du séquestre des biens du f∴ Andrault de Langeron : membre de la convention, vota la mort du roi, sans sursis; affilié en 1804 à la L∴ « Les Amis à l'Epreuve », or∴ de Nevers, fut or∴ et vén∴ Mort à Paris, en 1839

✹

François DE LESPINASSE, bourgeois à Saint-Pierre-le-Moûtier, membre fondateur de la L∴.

On retrouve un Lespinasse à la L∴ « Les Amis à l'Epreuve » sous l'empire.

✹

M. Charles LIGNIER, procureur au Présidial de Saint-Pierre, membre fondateur de la L∴.

✹

J.-M.-Rodolphe MAYOR, commis féodiste, membre fondateur.

✹

F. Laurent MIED, bourgeois, membre fondateur.

Choisi par le f∴ Andrault de Langeron pour la surveillance de ses biens, remplit sa mission avec le plus grand zèle pendant la Révolution et le premier empire.

∴

Pierre NOLOT, frère servant.

∴

Dom Pierre-Benoit PAGÈS, religieux, profès de l'ordre de Cluny, membre fondateur de la L∴; F∴ hosp∴ au Ch∴ en 1785.

∴

J. Abraham PLACE, commis féodiste, membre fondateur de la L∴.

∴

Jn Frédéric PORTA, arpenteur géomètre, membre fondateur de la L∴.

∴

Dominique PRELONIA, arpenteur géomètre, membre fondateur de la L∴.

∴

Jean SAUTEREAU de Bellevaux, avocat au Parlement, fondateur et premier vén∴, fondateur et T∴ S∴ du Chap∴.

Fut député suppléant pour le Tiers aux Etats-Généraux, procureur général syndic du département, député à l'Assemblée législative, membre de la Convention, vota la mort du roi, membre des Cinq Cents et juge au tribunal d'appel de Bourges.

∴

Pierre-Hospin SAUTON, lieutenant de cavalerie, membre fondateur de la L∴.

Rôle des Francs-Maçons Nivernais dans les Événements Révolutionnaires

Dans la Nièvre, les écrivains cléricaux et réactionnaires n'ont pas manqué d'attribuer aux seuls francs-maçons les *malheurs des temps*. L'un d'eux (1), qui a écrit un ouvrage considérable sur l'histoire du Nivernais pendant la Révolution, a cru se donner des allures d'historien précis et impartial en se faisant dans son étude l'écho des attaques dirigées contre les francs-maçons.

Il dit notamment :

P. VIII du 1ᵉʳ volume. — « Les francs-maçons exercèrent à « Nevers et à Saint-Pierre une action parallèle chez le peuple, « dans le sens des utopies et de l'envie méchante et bête. »

P. V. L., même volume. — « Il se produisit dans le Nivernais « comme partout en France ce qu'on a appelé « la crise des « brochures ». Plusieurs de ces brochures nivernaises conservées « à la bibliothèque de Nevers, révèlent leur caractère « maçonnique. »

P. 201, même volume. — « A Nevers, un club avait existé dès « les premiers jours de la Révolution. Ses membres obéissaient « alors à la loge maçonnique, mais étaient sans autorité. »

P. 222, même volume. — « La plupart des magistrats des « bailliages de Nevers et de Saint-Pierre étaient ouvertement « gallicans beaucoup étaient francs-maçons ».

P. 228, même volume. — En note quelques noms de francs-maçons : Bouys, Guisoni, de Chernuschi, Bezzola.

On chercherait en vain dans les deux volumes de l'ouvrage sur quels documents, sur quels faits l'auteur appuie ses affirmations. Nous avons vu que les deux loges de Nevers étaient en sommeil, celle *des Amis à l'Epreuve* dès 1788, celle de *La Colombe* dès avril 1789. Il n'y avait donc plus de loge pour commander au club qui, selon lui, exista à Nevers dès les premiers jours de

---

(1) P. Meunier. — *La première époque de la Révolution dans la Nièvre*, etc.

la Révolution. L'auteur, qui veut voir partout et toujours la main des francs-maçons, affirme donc une chose démontrée fausse ; sa documentation en défaut sur l'existence de *la loge* rend ses autres affirmations en ce qui concerne la franc-maçonnerie très sujettes à caution. Les noms mêmes des francs-maçons qu'il indique ne se retrouvent pas dans les documents maçonniques (un seul nom trouvé sur les quatre cités plus haut) ; il ne semble pas, au contraire, avoir connu la qualité maçonnique des Marandat, Sautereau, Lefiot, Callot, De Champs, etc. qui prirent une part active dans les événements révolutionnaires.

La fin de l'ancien régime apparaissait depuis quelque temps déjà imminente et le fr∴ maç∴ Voltaire avait dit : « Les jeunes gens sont heureux ; ils verront de belles choses. » Dans l'attente du régime nouveau, la franc-maçonnerie, et ce fut là surtout son grand mérite, avait préparé toute une légion d'hommes prêts à se mêler aux événements et à y jouer un rôle décisif (1). Dans le Nivernais, l'élite de la noblesse et de la bourgeoisie fréquentait les loges ; aussi voyons-nous les francs-maçons prendre part en grand nombre aux affaires publiques.

Dès 1788, Béguin fait partie des officiers municipaux de Nevers et signe la lettre adressée au Directeur général des Finances relativement à la convocation des États-Généraux ; Girard, juge-consul, signe le mémoire adressé au Roi par la Chambre de Commerce de Nevers ; Donnet, premier échevin à Saint-Pierre ; Marandat d'Oliveau, Desnoyers de Sully, Martin, Girard, Frédéric

---

(1) Dans les LL∴, les adeptes puisèrent surtout des idées de liberté et d'égalité ; celles-ci y étaient en effet pratiquées, de par le rituel, d'une façon effective et constante. Les distinctions sociales s'effaçaient en loge et le grand seigneur, comme le bourgeois ou le simple artisan, n'était plus qu'un *frère*, n'ayant que les mêmes droits et soumis aux mêmes devoirs.

Turgan, Claude Coquille, Louis Parent de Chassy, Guillaume Amable Robert sont membres de la commission chargée de la rédaction des Cahiers du Tiers-État à Nevers (les noms des députés à l'assemblée du Tiers, à Saint-Pierre, n'étant pas connus, il est impossible d'y rechercher les francs-maçons); de Roland, de Givry, de Champs, de Chary, Damas (de Crux), Rapine, Truitié, Prisye, de Berthier, de Prévost, Gayault de Maubranches, prennent une part très active aux réunions de la noblesse, à Nevers et à Saint-Pierre, où se rencontrent de Sallonnyer, de Langeron, les deux de Bosredon.

Nous verrons à Nevers, Marandat, Parent et Robert, députés aux États-Généraux, trois f∴ m∴ sur quatre députés; Sautereau de Bellevaux, député aux États-Généraux (Saint-Pierre), député à la Législative et député à la Convention, où il vota la mort du Roi avec le f∴ Lefiot, de Saint-Pierre, comme lui.

Nous verrons Dard d'Epinay, Prisye-Dury, Béguin, Barré, Callot, Parent-Laloge, Guinot, Coquille, Gillet, Gailois, de Champs, Damas (de Crux), Flamen, etc. etc., faire partie à diverses époques, des administrations municipale, départementale ou judiciaire et conserver, malgré les événements, leur foi en leur idéal démocratique et social.

Tous les francs-maçons, malheureusement, ne surent pas où étaient le devoir. Lors de l'émigration, plusieurs, et des plus marquants, passèrent à l'étranger : De Chastenet de Puységur, Du Coëtlosquet, de Givry, Prévost de la Croix, Pierre-Claude-Marie Prizye, Pujol de la Grave, Salonnyer d'Avrilly, Anne-Marie Rapine de Saxi, François Rapine de Saxi, de Soudeilles, Truitié de Vareux, de Verthamon, de la L∴ *La Colombe*, de Chary, de la L∴ *Sainte-Cécile*, Andrault de Langeron, de Clermont d'Amboise, de Damas de Crux, de la L∴ *Saint-Pierre-ès-liens*, entre autres, oublieux de leurs principes, émigrèrent, quelques-uns même ne craignirent pas de servir dans les armées étrangères contre leur patrie...

Aux jours sombres de la Terreur, quand le peuple effrayé par les fausses nouvelles répandues par les contre-révolutionnaires, excité par la disette qui régnait à Nevers depuis la fin de 1792, méconnaissant ses vrais amis, emprisonna et dépouilla ceux qu'il regardait comme suspects, les francs-maçons, bourgeois ou « ci-devants » ne furent pas épargnés : Andras de Cougny, De Champs du Creuzet, Béguin, Boizeau-Deville, Desnoyers, Richard, etc., furent emprisonnés. Le jugement du peuple, néanmoins, leur fut favorable et ils furent relaxés, sauf Boizeau-Deville, qui ne devait l'être que beaucoup plus tard, par un arrêté du représentant du peuple, Noël Pointe. J'ai montré plus haut, comment les francs-maçons de la L∴ *Les Amis à l'Épreuve* avaient défendu leurs ff∴ de la L∴ *La Colombe*.

Dans les notes biographiques sur les ff∴, j'ai cité quelques jugements ; ceux-ci démontrent que les francs-maçons avaient su faire leur devoir ; le cas de De Champs du Creuzet, notamment, est particulièrement remarquable.

∴

Le cadre restreint de cette étude n'a pas permis d'entrer dans les détails de l'histoire locale pour montrer telle qu'elle a été réellement l'influence des francs-maçons.

Le peu que j'en ai dit sera suffisant néanmoins pour montrer que ceux-ci furent des hommes de devoir dévoués à leur pays et que les calomnies répandues sur leur compte ne sauraient les atteindre ; il permettra également à tous les esprits impartiaux de juger que la franc-maçonnerie, loin de mériter l'anathème que lui lancent les cléricaux, est au contraire digne d'éloges pour la noble mission qu'elle s'est tracée et pour les efforts qu'elle n'a cessé de faire pour l'accomplir.

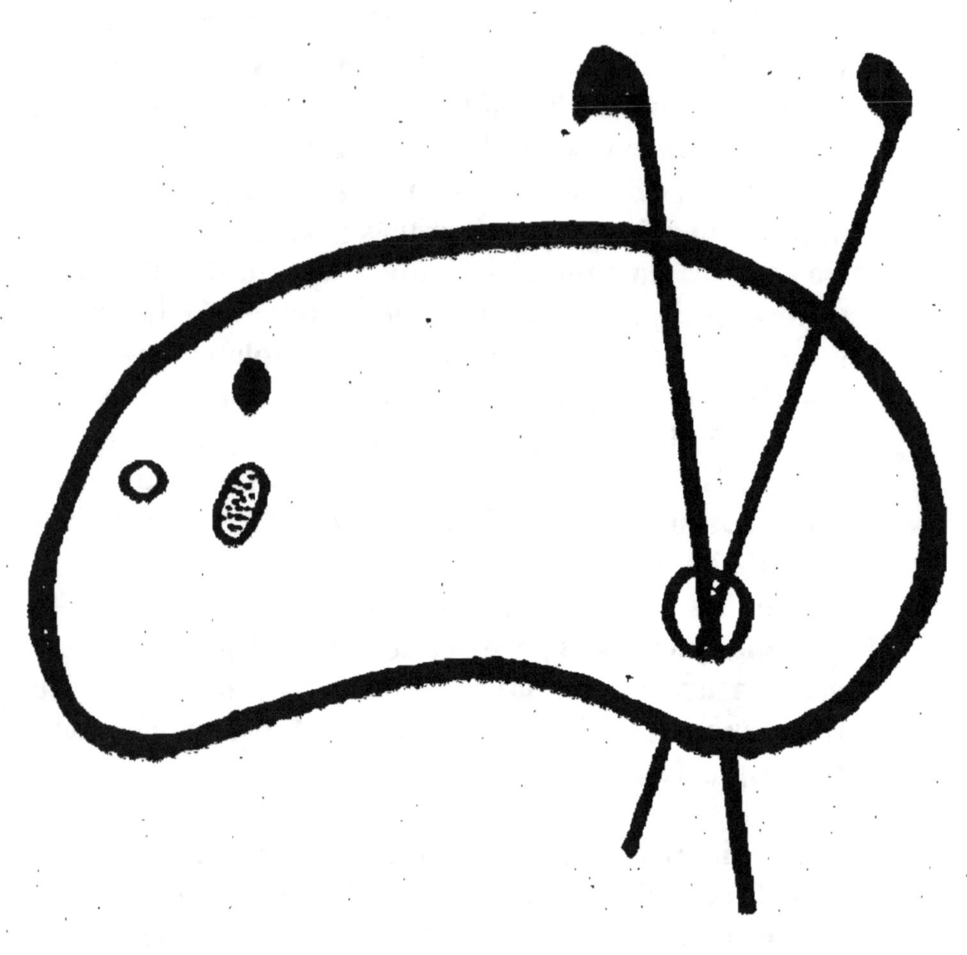

ORIGINAL EN COULEUR
NF Z 43-120-8